Elogio da serenidade

FUNDAÇÃO EDITORA DA UNESP

Presidente do Conselho Curador
Herman Jacobus Cornelis Voorwald

Diretor-Presidente
José Castilho Marques Neto

Editor-Executivo
Jézio Hernani Bomfim Gutierre

Conselho Editorial Acadêmico
Alberto Tsuyoshi Ikeda
Áureo Busetto
Célia Aparecida Ferreira Tolentino
Eda Maria Góes
Elisabete Maniglia
Elisabeth Criscuolo Urbinati
Ildeberto Muniz de Almeida
Maria de Lourdes Ortiz Gandini Baldan
Nilson Ghirardello
Vicente Pleitez

Editores-Assistentes
Anderson Nobara
Henrique Zanardi
Jorge Pereira Filho

Norberto Bobbio

Elogio da serenidade
e outros escritos morais

2ª edição

Tradução
Marco Aurélio Nogueira

© 1998 Nuova Pratiche Editrice
Título original em italiano: *Elogio della mitezza
e altri scritti morali.*

© 2000 da tradução brasileira:
Fundação Editora da UNESP (FEU)
Praça da Sé, 108
01001-900 – São Paulo – SP
Tel.: (0xx11) 3242-7171
Fax: (0xx11) 3242-7172
www.editoraunesp.com.br
www.livrariaunesp.com.br
feu@editora.unesp.br

CIP – Brasil. Catalogação na fonte
Sindicato Nacional dos Editores de Livros, RJ

B637e
2.ed.

Bobbio, Norberto, 1909-2004
  Elogio da serenidade: e outros escritos morais / Norberto Bobbio; tradução Marco Aurélio Nogueira. – 2.ed. – São Paulo: Editora Unesp, 2011.
  209 p.

  Tradução de: Elogio della mitezza e altri scritti morali
  Apêndice
  ISBN 978-85-393-0173-7

  1. Ética. 2. Ética política. 3. Ética social. 4. Religião e ética.
  5. Tolerância. I. Título.

11-5660.   CDD: 172
                                                    CDU: 172

Editora afiliada:

Sumário

Sobre a tradução 7

Introdução 9

Elogio da serenidade 29

Parte I
1 Ética e política 49
2 Razão de Estado e democracia 85

Parte II
3 A natureza do preconceito 103
4 Racismo hoje 119

Parte III
5 Verdade e liberdade 137
6 Tolerância e verdade 149

Parte IV

7 Prós e contras de uma ética laica 159
8 Os deuses que fracassaram (Algumas questões sobre o problema do mal) 179

Apêndice

Compreender antes de julgar 195
Salvar-se por si só 199

Nota sobre os textos 205

Sobre a tradução

A palavra *mitezza*, em italiano, é rica de sentidos e significados. O adjetivo *mite*, usado em referência ao clima ou à temperatura, corresponde a ameno, tépido, temperado, como em *inverno mite* (inverno ameno). Aplicado a animais, pode corresponder a manso, domesticado, dócil, como em *il mite agnello* (o dócil cordeiro). É empregado para designar pessoas boas, benévolas, clementes, como em *"beati i miti perché erediteranno la terra"* ("bem-aventurados os mansos, porque deles será a terra"), conforme o texto das bem-aventuranças do Evangelho Segundo Mateus, da Bíblia. Neste caso, recobre diversas qualificações: calmo, paciente, sereno, suave, delicado, moderado, propenso à benevolência, indulgente, como em *un'uomo mite* (um homem sereno), ou em *un bambino mite* (um garoto tranquilo). Em sentido figurado, remete a leve, suave, moderado, como em *una condanna* ou *una pena mite* (uma condenação ou uma pena leve, suave).

De *mite*, vem o verbo mitigar (em italiano, *mitigare*): suavizar, arrefecer, diminuir, atenuar, abrandar, aliviar. E também o substantivo abstrato *mitezza*. No entender de Bobbio, *mite* e *mitezza* são "palavras que somente a língua italiana herdou do latim". Alguns tradutores franceses e ingleses preferem mantê-las sempre em italiano, provavelmente por entenderem que sua tradução acarretaria alguma perda quanto ao significado. Como o próprio Norberto Bobbio informa na "Nota sobre os textos", incluída no Apêndice da presente edição, enquanto um dos tradutores ingleses optou por grafar *In praise of meekness*, aceitando o menor refinamento do termo *meekness* (de *meek*: manso, submisso), outros preferiram *In praise of la mitezza*, a mesma opção feita pelo tradutor francês: *Eloge de la mitezza*. Em espanhol, a escolha recaiu sobre *templanza*, correspondente em português a temperança, moderação, sobriedade.

Na presente tradução, optou-se por *serenidade*, que se configurou, no decorrer do trabalho, como mais identificada com a ideia bobbiana de *mitezza*. Mansidão, mansuetude ou docilidade não teriam muito cabimento e contrariariam o pensamento de Bobbio, que considera tais termos aplicáveis com maior propriedade aos animais. Como o leitor poderá acompanhar no texto que empresta título ao volume, o próprio Bobbio registra as nuanças e minúcias de detalhe que cercam a palavra italiana. Sem nenhum prejuízo quanto à compreensão ou fidelidade ao texto, ela poderia ser aproximada de "moderação" ou "suavidade", como seria bem razoável, por exemplo, na passagem em que Bobbio se refere a *mitezza* como uma "virtude feminina": as mulheres são *miti* por sua doçura, gentileza e suavidade, não só por sua eventual serenidade. Mas moderação e suavidade, em português do Brasil, são palavras carregadas demais de significado.

De resto, como em outras situações típicas do trabalho de tradução, a opção aqui feita reflete uma leitura e uma interpretação do texto. Como tal, está sujeita a alguma controvérsia.

São Paulo, junho de 2002
Marco Aurélio Nogueira

Introdução

Nas últimas páginas do *Diálogo sobre uma vida de estudos*, meu interlocutor, Pietro Polito, convida-me a falar da primeira edição italiana de *Elogio da serenidade* (1994), que eu definira como "extravagante"; para ele, o livro deixa entrever o filósofo da moral ao lado e por sobre o filósofo do direito e da política.[1] Respondo que, efetivamente, nos últimos anos, ao perceber as primeiras mordidas da velhice, fui me envolvendo e em certa medida me dispersando na reflexão sobre o problema do mal no mundo e na história, e diminuindo minhas ligações com o universo da política. Não foi um acaso, portanto, e talvez tenha sido até mesmo uma premonição, que eu, anos atrás, ao ser convidado para participar de um ciclo de conferências sobre as virtudes, tenha escolhido a serenidade, que optei por incluir entre as virtudes fracas, contrapostas às virtudes fortes do estadista, definindo-a como "a mais impolítica das virtudes".

---

1 Norberto Bobbio, Pietro Polito, "Dialogo su una vita di studi", *Nuova Antologia*, ano 131, v.577, fasc. 2200, p.160, outubro-dezembro 1996.

Recentemente, um de meus mais benévolos leitores e críticos tomou como base os dois últimos livros que publiquei, *De senectute* (1996) e *Autobiografia* (1997), para observar que, com o passar dos anos, eu havia promovido uma "curvatura ética" em meus escritos, exaltando as "forças morais" que impedem as instituições de degenerar e afirmando que "o fundamento de uma boa república, mais até do que as boas leis, é a virtude dos cidadãos".[2] Para dizer a verdade, a ideia de que a democracia necessita de cidadãos virtuosamente democráticos é uma velha ideia minha, ainda que não muito rara. Jamais esqueci a advertência de Croce, nos chamando para contrapor à política "a força não política com que a boa política deve sempre se entender".[3]

A definição da serenidade como virtude não política não agrada a meu velho amigo Giuliano Pontara, o maior estudioso italiano de Gandhi, apaixonado e douto teórico da não-violência. Num comentário que escreveu sobre meu ensaio – publicado na mesma revista que o havia difundido –, depois de fazer algumas observações pertinentes sobre minhas premissas teóricas e sobre a consideração que faço da serenidade como virtude passiva, Pontara refutou a identificação que estabeleço entre serenidade e não violência, da qual seria necessário deduzir logicamente a negação de qualquer valor político à não violência e, portanto, a impossibilidade de distinguir a não violência passiva, própria dos pacifistas tradicionais, da não violência ativa teorizada e praticada por Gandhi, que é uma virtude eminentemente política. Escreve Pontara:

> A não violência está dentro da política, e isto de modo bem eficaz, tanto quanto dentro da política e de modo eficaz estava

---

2 C. Ocone, "Qual è il vero Bobbio", *Critica Liberale*, v.IV, n.35, p.143, novembro 1997. Ocone retoma uma afirmação minha, incluída na *Autobiografia*, aos cuidados de A. Papuzzi, Roma-Bari: Laterza, 1997, p.257.

3 Benedetto Croce, *Indagini su Hegel e schiarimenti filosofici*, Bari: Laterza, 1952, p.159-60.

Gandhi. Mas está dentro da política de um modo totalmente especial, e é nisto que repousa a grande novidade e atualidade da mensagem gandhiana. Na medida em que é sereno, também o não violento não estabelece relações de conflito com os demais com o objetivo de competir, de lutar, de destruir, de vencer; ele não é um vingativo, não guarda rancor, não tem aversão a ninguém, não odeia ninguém; e não é ávido pelo poder. É certo que ele jamais abre fogo; mas não teme dar início a um conflito, ou melhor, não teme que conflitos latentes se evidenciem, nem teme a luta. Porém, como refuta a violência ... refuta também aquela lógica do poder segundo a qual sempre deve haver um vencedor e um perdedor; e maneja os conflitos de modo a fazer com que a solução não seja uma solução com soma zero, mas uma solução em que todas as partes ganhem e possa ser por isso aceita por todos. Tendo em mente este objetivo, o indivíduo sereno conduz a luta usando métodos que não ameaçam os interesses vitais do opositor, que apelam aos melhores traços do opositor e aos grupos mais abertos e sensíveis no interior do grupo adversário; usa métodos de luta que tendem a humanizar o opositor, em vez de desumanizá-lo ... A não violência é, portanto, o canal através do qual a serenidade se converte em força, uma força distinta e que opera de modo distinto da violência. O não violento refuta a violência sem ter por isso que se retirar da política; desmente, com seu agir, a definição da política como reino exclusivo da raposa e do leão.[4]

Respondi de modo breve e, reconheço, um pouco ressentido, reduzindo o dissenso a uma questão de palavras em torno

---

4 O ensaio de Pontara, "Il mite e il nonviolento: su um saggio di Norberto Bobbio", apareceu primeiramente, acompanhado de uma resposta minha, in *Linea D'Ombra*, n.93, p.67-70, março 1994. Na mesma revista saiu também a réplica de Pontara, Sulla nonviolenza: risposta a Bobbio, idem, n.94, p.71-3, maio-junho 1994. O ensaio de Pontara, a minha resposta e a sua réplica foram incluídos na primeira edição deste livro, Roma, Linea D'Ombra Edizioni, 1994, p.33-41. Mais recentemente, Pontara recolheu sua intervenção, com o título "Virtù, mitezza e nonviolenza", ao volume *Guerre, disobbedienza civile, nonviolenza*, Torino: Edizioni Gruppo Abele, 1996, p.83-95. A propósito da minha resposta e da réplica de Pontara, ver mais adiante.

do significado de "política", que eu havia claramente entendido e explicitado no sentido maquiaveliano da palavra, ainda que conhecesse muito bem – como Pontara sabia – a doutrina e a prática não violentas de Gandhi. Na amigável réplica que me dirigiu, encerrando o diálogo, Pontara me fez compreender que sua perturbação derivava do fato de que eu, ao não levar em conta a distinção entre não violência ativa e não violência passiva, acabara por aderir a uma identificação muito simplista entre serenidade e não violência, reforçando assim o preconceito comum que identifica a política com a violência e nega que se possa desenvolver uma ação política com meios não violentos.

Não foi muito distinto o comentário de Enrico Peyretti, diretor da revista mensal *Il Foglio* (não confundir com o diário *Il Foglio* de Giuliano Ferrara), que leio assiduamente. Tomando como ponto de partida o ditado evangélico "Bem-aventurados os mansos, porque deles será a terra" (Mateus, 5, 5), Peyretti se pergunta: "Qual dos dois tipos humanos, o poderoso ou o manso, governa verdadeiramente a terra? Quem a protege, a conserva e a cultiva para que possa ser lugar e corpo da história, do longo caminho humano?". Definindo-se, à moda de Aldo Capitini, como um "convencido da não violência", Peyretti observa que a política de fato exclui a serenidade. Todavia, põe-se o problema de saber se não existe "uma outra política" além daquela que "considera como critério principal a conquista do poder, mas não é capaz de garantir uma paz estável, finalidade superior da política". Conclui pondo em discussão a teoria "amoral" da política, que exclui a serenidade.[5]

Houve também quem fez uma avaliação distinta. Entre as várias cartas recebidas, houve a de um grupo de alunos de uma escola secundária para quem a professora leu algumas páginas do meu elogio da serenidade, que ficara conhecendo a partir da resenha feita por Arturo Colombo no *Corriere della Sera* (1º de

---

5 E. Peyretti, "Elogio della mitezza esiliata: note sugli scritti morali di Norberto Bobbio", II, *Il Foglio*, ano XXV, n.2, p.3, fevereiro 1995.

márço de 1995), intitulada "Arrogantes e prepotentes, a serenidade os sepultará". Os garotos haviam se convencido de que estavam errados os que acreditavam que "serenidade é fraqueza". Agradeço muito a estes garotos, a sua professora e a seu inspirador, por terem compreendido que a serenidade, tal como eu havia descrito, é sim uma virtude fraca, mas não é a virtude dos fracos. Eu deixara bem claro que a serenidade não deve ser confundida nem com a submissão nem com a concessão.

A afirmação de que a teoria amoral da política exclui a serenidade levanta mais uma vez a velha e sempre atual questão da relação entre moral e política, à qual dediquei os dois primeiros ensaios deste volume. Quando Peyretti escreve que "a política violenta, que põe a política no ostracismo, não é política",[6] acredita já ter resolvido o problema ao incluir na definição de política – que eu não hesitaria em chamar de persuasiva – a conformidade da ação política aos princípios da moral. É bem conhecido que, na história do pensamento político, se encontram lado a lado dois conceitos de política contrastantes entre si: o aristotélico e depois cristão, por um lado, segundo o qual por "agir político" se entende o agir visando ao bem da cidade ou ao bem comum, e, por outro lado, o realista, que se afirma por intermédio de Maquiavel, de Guicciardini e dos teóricos da razão de Estado, segundo o qual a esfera da política é autônoma com respeito à esfera da moral e a ação do estadista não pode ser julgada com base nas normas que regem e com as quais se julga a ação do homem comum.[7] O problema, que a prevalência da teoria da razão de Estado, especialmente na cultura italiana

---

6 Ibidem.

7 Trata-se de um fato tão conhecido que, no verbete *Politik*, in *Geschichtliche Grundbegriffe*, Stuttgart, Ernst Klett Verlag, 1975, o autor Volker Sellin dedica um parágrafo às "raízes do conceito de política na Idade Moderna, a herança aristotélica e a ideia de poder em Maquiavel". Ver a edição italiana, *Política*, prefácio de L. Ornaghi, Venezia: Marsílio, 1993, p.49-57.

de Benedetto Croce a Rodolfo De Mattei e a Luigi Firpo, dava por resolvido, sustentando, senão a imoralidade, ao menos a amoralidade da política – ainda que sem muita concordância sobre os motivos que justificariam esta amoralidade – foi, nestes últimos anos, reproposto pelo movimento da chamada "reabilitação da filosofia prática", que retorna a Aristóteles, e, na cultura italiana, pela obra de Maurizio Viroli, que reavalia esta tradição percorrendo de novo sua história no pensamento político medieval italiano e dando destaque particular à "transformação da linguagem da política" na passagem da concepção clássica da política à teoria da razão de Estado.[8]

Não creio que os dois conceitos de política possam ser separados, nem analiticamente nem em termos históricos. Visão positiva e visão negativa da política se reencontram e se contrapõem em todas as épocas. A distinção entre bom governo e mau governo, que Viroli vincula à contraposição entre arte de governo e ciência do Estado, é um *topos* clássico do pensamento político que remonta à distinção aristotélica entre formas de governo puras e corruptas,

---

8 M. Viroli, *Dalla politica alla ragion di stato*. La scienza del governo tra XIII e XVIII secolo, Roma: Donzelli, 1994. Entre os historiadores do pensamento político, italianos mas não só italianos, o tema da razão de Estado foi objeto de amplos estudos e debates nos últimos anos. Algumas indicações: *Botero e la ragion di stato*, Atti Del Convegno in memória di L. Firpo, 8-10 março 1990, aos cuidados de A. E. Baldini, Firenze: Leo S. Olschki Editore, 1992; G. Borrelli, *Ragion di stato e Leviatano: conservazione e scambio alle origini della modernità politica*, Bologna: Il Mulino, 1993; o fascículo da revista *Trimestre* (Università di Teramo) dedicado a Rodolfo De Mattei, v.XXVI, n.2-3, 1993; *Aristotelismo e ragion di stato*, Atti del Convegno Internazionale. Torino, 11-13 fevereiro 1993, aos cuidados de A. E. Baldini, Firenze: Leo S. Olschki Editore, 1995; *Ragion di stato: l'arte italiana della prudenza politica*, Mostra bibliográfica, Istituto Italiano per gli Studi Filosofici, Napoli: 4-30 julho 1994, aos cuidados de G. Borrelli; Yves Charles Zarka (org.), *Raison et déraison d'Etat*: théoriciens et théories de la raison d'Etat aux XVI et XVII siècle, Paris: Presses Universitaires de France, 1994. A partir de 1993, começa a ser publicado o *Archivio della Ragion di Stato*, dirigido por G. Borrelli, com artigos originais, notícias e bibliografia.

segundo a qual são boas as formas em que o governante exerce o poder visando ao bem comum e ruins as do governante que exerce o poder visando ao próprio interesse. Essa distinção se transmite de uma época a outra, tanto que pode ser encontrada até mesmo na distinção entre uma boa e uma má razão de Estado naqueles mesmos escritores que haviam repudiado a doutrina clássica da política. Precisamente no período em que teria ocorrido a grande reviravolta, um insigne historiador como Gerhard Ritter escreveu o fascinante livro *O rosto demoníaco do poder*,[9] no qual sustenta a tese de que, do início do século XVI, partem as duas correntes antagonísticas do poder que chegam até nós, a realista de Maquiavel e a utópica de Thomas Morus.

Do mesmo modo, eu não me sentiria muito seguro em considerar que a teoria da razão de Estado, interpretada como a forma perversa da política, não tem precedentes históricos. O núcleo dessa doutrina está todo na famosa máxima, de origem ciceroniana, *Salus rei publicae suprema lex* [O bem de todos é a lei suprema], que o próprio Maquiavel – precisamente o Maquiavel que estaria, segundo Viroli, fora da teoria da razão de Estado – faz na sua famosa passagem dos *Discursos* (e não do famigerado *O príncipe*), em que afirma que quando a salvação da pátria está em questão "não se deve fazer qualquer consideração a respeito do que é justo ou injusto".

De resto, entre as várias interpretações da dissociação entre ética e política, não é desconhecida de Viroli aquela dada por Scipione Ammirato, segundo a qual é lícita a "contravenção de leis ordinárias cometida em nome do benefício público". Trata-se de um princípio geral do direito e da ética que admite a derrogação de uma lei em casos excepcionais.[10] Entre esses casos, o mais frequentemente lembrado e o mais preeminente é o estado de necessidade, que também serve de justificativa, como todos sabem, para os

---

9 G. Ritter, *Il volto demoniaco del potere* (1948), Bologna: Il Mulino, 1997.

10 M. Viroli, *Dalla politica alla ragion di stato*. La scienza del governo tra XIII e XVIII secolo, op. cit., p.179-80.

simples indivíduos. Felix Oppenheim escreveu recentemente um livro para sustentar que o Estado está justificado – e portanto não pode ser submetido a julgamento moral – quando age em estado de necessidade para defender o interesse nacional.[11] E o que é o interesse nacional senão a *salus rei publicae* dos antigos?

Estreitamente ligados entre si são os dois capítulos que dedico à natureza do preconceito e ao racismo. A raiz do racismo não é apenas o preconceito, mas o preconceito reforça o racismo. É difícil pensar num indivíduo que esteja animado por uma forte aversão aos indivíduos de uma outra raça e que não procure justificar essa aversão recorrendo a juízos não sustentados por alguma prova de fato. É preciso, porém, distinguir entre o racismo como comportamento, como atitude habitual, irrefletida, emotiva, e o racismo como doutrina que pretende ser científica, ideologicamente inspirada e direcionada. Por sua vez, o racismo como ideologia deve ser distinguido do estudo científico das raças humanas, que mesmo quando considera ser possível afirmar a existência de grupos humanos diversos aos quais se pode dar corretamente o nome de "raças", não oferece qualquer apoio à ideologia racista, que não apenas sustenta que raças diversas existem e existem raças superiores e inferiores, mas também sustenta que a raça superior como tal tem o direito de dominar a inferior. Também a relação entre pais e filhos, entre professores e alunos, é de fato, e quase sempre de direito, uma relação entre um superior e um inferior. Mas é uma relação na qual o superior, ainda que pretenda ter o direito de dominar o inferior, atribui-se o dever de ajudá-lo, socorrê-lo e redimi-lo da sua inferioridade. Desde a Antiguidade, de algumas páginas famosas de Aristóteles, o poder do superior sobre o inferior assume duas formas bem diversas: o poder do pai sobre o filho, que é exercido em benefício dos filhos, e o poder do patrão sobre os escravos, que é

---

11 F. Oppenheim, *Il ruolo della moralità in politica estera*, Milano: Angeli, 1993, trad. it. de Anna Caffarena (Centro Studi di Scienza Politica Paolo Farneti, 6). Ed. orig. *The Place of Morality in Foreign Policy*, 1991.

exercido em favor do patrão. Desses dois tipos de poder do superior e do inferior dentro do grupo familiar, nascem as duas bem conhecidas formas de Estado autoritário, o Estado paternal ou paternalista ou, com outra expressão derivada não da tradição clássica mas da tradição do Velho Testamento, patriarcal, e o governo despótico no qual o detentor do poder trata seus súditos como escravos. De tudo o que foi dito, deduz-se que se pode muito bem ser racista sem que se aceite a teoria, científica ou pseudocientífica, da divisão da humanidade em raças. Assim como se pode ser poligenista, isto é, considerar que os grupos humanos não nasceram de um único tronco, sem que se seja racista, e vice-versa, pode-se ser racista e ao mesmo tempo refutar o poligenismo.

Já que os homens são tanto iguais como diversos – iguais porque, diferentemente dos outros animais, falam, e diversos porque falam línguas diversas –, é uma falsa generalização tanto afirmar que todos são iguais como que todos são diversos. Dessas duas falsas generalizações derivam, respectivamente, duas políticas contrapostas em relação à emigração. Num extremo, a assimilação, segundo a qual quem entra num país deve pouco a pouco se identificar com seus habitantes, aceitar suas regras, seus costumes, sua língua, sua mentalidade, para assim se converter numa outra pessoa distinta da que sempre foi, perder a própria identidade, aquilo que constitui a sua "diferença", por intermédio da gradual aquisição dos direitos de cidadania, primeiro aqueles pessoais, depois os civis, os políticos, e por fim também os sociais. No outro extremo, exatamente como reação à política da assimilação, surgiu com força crescente, nos últimos tempos, a exigência do respeito às diferenças, exigência esta que deveria permitir, à pessoa que é diversa, a conservação mais ampla possível daquilo que a faz ser diversa, seus próprios costumes, a própria língua e portanto o direito de ter seus próprios locais de culto, as próprias escolas, os próprios feriados, até mesmo o próprio modo de vestir (apenas para dar um exemplo, pense-se no debate de alguns anos atrás em torno do uso do chador pelas alunas muçulmanas nas escolas francesas).

Pois bem: estas duas políticas são a expressão de duas formas de preconceito, ou seja, de crença não crítica mas aceita como absoluta: "Todos os homens são iguais, todos os homens são diversos". Se são todos iguais, por que diferenciá-los? Se são todos diversos, por que igualá-los?

Hoje, o contraste entre estas duas soluções extremas está mais vivo do que nunca. Mas, precisamente como soluções extremas, ambas talvez sejam igualmente incorretas, já que, contra os dois preconceitos opostos, os homens são tanto iguais quanto diversos. Numa visão liberal da convivência – segundo a qual existem direitos fundamentais dos indivíduos, que o Estado deve reconhecer –, ninguém pode ser tão igualitário a ponto de não reconhecer o direito à diversidade religiosa, isto é, o direito que cada um tem de adorar o próprio Deus ou de não adorar deus algum. Em decorrência, ninguém pode ser tão diferencialista a ponto de desconhecer a igualdade de todos – provenientes de onde quer que seja, até mesmo das regiões mais longínquas em termos espaciais ou culturais – com respeito aos direitos do homem, e sobretudo, antes de quaisquer outros, aos direitos pessoais, que precedem os direitos dos cidadãos e são mesmo o pressuposto deles.

Na civilização democrática, não há por que temer o reconhecimento de que a solução do problema está na harmonização das duas exigências opostas. Cada uma delas tem uma boa dose de razão, desde que sejam reconhecidos os preconceitos que as sustentam, quais sejam, que cada homem é igual ao outro e que cada homem é diverso do outro.

As mesmas razões que forçaram alguns Estados, entre os quais o italiano, a enfrentar o problema dos novos fluxos de imigração, dos quais nascem perversos e perigosos comportamentos e atitudes racistas, reabriram e reanimaram no plano teórico o velho tema da tolerância. É preciso desde logo advertir, porém, que, quando se fala de tolerância em seu significado histórico prevalecente – como no texto incluído no presente volume, "Tolerância e verdade" –, estamos nos referindo ao problema da convivência de crenças diversas, primeiro das religiosas e depois também das políticas. Hoje, o conceito de tolerância se estendeu ao problema da convivência com as minorias étnicas, linguísticas, raciais, geralmente com aqueles que são considerados "diversos", como os homossexuais, os doentes mentais ou os incapacitados. Os problemas a que se referem esses dois modos de entender e praticar a tolerância não são os mesmos. Uma coisa é o problema da tolerância de crenças ou opiniões diversas, que exige uma reflexão sobre a compatibilidade teórica e sobretudo prática entre verdades contrapostas; outra coisa é o problema da tolerância diante daquele que é diverso por razões físicas ou sociais, que põe em primeiro plano o tema do preconceito e da consequente discriminação. As razões que se podem apresentar em defesa da tolerância no primeiro significado não são as mesmas que se apresentam para defendê-la no segundo. Em decorrência, são distintas as razões das duas formas de intolerância. A primeira deriva da convicção de possuir a verdade; a segunda se funda geralmente num preconceito, como dissemos. É verdade que também a convicção de possuir a verdade pode ser falsa, e assumir a forma de preconceito. Mas se trata de um preconceito que se combate de modo completamente diverso: não se podem colocar no mesmo plano os argumentos usados para convencer fiéis de uma igreja ou seguidores de um partido a conviverem com outras igrejas ou com outros partidos e os argumentos empregados para convencer um branco a conviver pacificamente com um negro. A questão fundamental que os defensores da tolerância política ou religiosa sempre se fizeram pode ser assim formulada: "Como podem ser teórica e praticamente compatíveis duas verdades contrapostas?". O defensor da tolerância diante dos diversos põe-se esta outra questão: "Como se pode demonstrar que certas impaciências com respeito a uma minoria de pessoas diversas derivam de preconceitos inveterados, de formas irracionais, puramente emotivas, de julgar homens e eventos?". A melhor prova dessa diferença está no fato de que, no segundo caso, o termo habitual com que se designa aquilo que se deve combater não é intolerância, mas discriminação.

Nos dois textos aqui incluídos, que estão em estreita conexão um com o outro – "Verdade e liberdade" e "Tolerância e verdade" –, a tolerância é abordada não tanto do ponto de vista da sua justificação jurídica quanto do ponto de vista da sua justificação moral, com o objetivo de defendê-la da acusação de ser a expressão de uma moral relativista e de indiferentismo ou ceticismo moral.

O tema foi amplamente discutido nos últimos anos, por ocasião de um artigo de Ernesto Galli della Loggia, que punha sob acusação, em minha opinião com argumentos bem persuasivos, a serem levados a sério, o "laicismo liberal-progressista", que, pretendendo se defender com uma "certa irritada suficiência" da acusação de deslegitimar a demanda por valores que percorrem a nossa sociedade, voltou a dar força à ética religiosa.[12] Eu mesmo

---

12 E. Galli della Loggia, "Mea culpa di un laico", *La Stampa*, 28 set. 1988. Deste artigo nasce um debate sobre a cultura laica, do qual a primeira intervenção foi a de S. Quinzio, "Gli antichi valori perduti", *La Stampa*, 19 set. 1988. A ele se seguiu A. Galante Garrone, "Non ha tramonto la regola della libertà", *La Stampa*, 30 set. 1988. Depois, P. Bonetti, "Laico è chi non concede indebiti privilegi", *La Stampa*, 1º out. 1988; D. Cofrancesco, "È il prezzo della libertà", *Il Secolo XIX*, 5 out. 1988; G. Vattimo, "Per essere davvero individui", *La Stampa*, 6 out. 1988; U. Scarpelli, "Laicismo e morale", *Il Sole-24 ore*, 7 out. 1988. Em 9 de outubro sai no *La Stampa* a minha resposta com o título Lode della tolleranza, e em 12 de outubro o debate é encerrado com o artigo de Galli della Loggia, Ansie senza risposta, que lamenta a concepção limitada do liberalismo como método que se apoia em dois valores, os quais demonstram ser sempre mais insuficientes diante dos problemas de hoje, o individualismo e o racionalismo, com o resultado de oferecer um púlpito para todos estes discursos de caráter moral e, portanto, de conceder a faculdade de transmitir valores apenas aos centros tradicionais, como as igrejas. Uma continuação do debate, com vários participantes, ocorreu no *L'Espresso* de 30 outubro 1988, sob o título "Laici addio?", por iniciativa de F. Adornato, que interroga Galli della Loggia, E. Scalfari e L. Colletti. Em 30 de outubro 1988, aparece no *Il Tempo* um artigo de G. Pasquarelli, "Metamorfosi della cultura laica", no qual a cultura laica é acusada de fechar-se em si mesma, de não ter uma alma e de encorajar o imoralismo contemporâneo.

intervim neste debate, escrevendo uma "Exaltação da tolerância", na qual retomava tanto o tema da relação entre tolerância e liberdade quanto o das razões pelas quais podemos ser tolerantes sem ser céticos. Manifestei-me de acordo com Della Loggia na deploração das atitudes dedicadas a entender por tolerância "o contrário não da intolerância, mas do rigor moral, da firmeza em defender as próprias ideias, do justo rigor de julgamento". Mas concluí acenando para o reflorescimento, especialmente no mundo anglo-saxão, dos estudos de ética racional, a respeito dos quais estranhamente não se falava no artigo em questão nem se falou no debate que a ele se seguiu.

Recentemente, o tema da fraqueza, fragilidade ou inconsistência da ética laica com respeito à ética católica foi recuperado, mais ou menos nos mesmos termos, por Giuliano Amato numa entrevista concedida ao jornal *Il Mondo*, reproduzida por *La Stampa* em 30 de agosto de 1997. Refutada a aceitação do mercado sem limites, Amato declara sua admiração pela Comunidade de Santo Egídio e por suas obras de caridade, e se pergunta, preocupado, quase assustado, por que "os laicos não conseguem traduzir seus valores éticos numa ação organizada", confessando viver uma contradição, uma dúvida da qual não encontra a solução.[13]

No mesmo número, o jornal publicava um severo comentário crítico de Gianni Vattimo, que terminava, a partir da aceitação do valor da liberdade tanto pelos laicos quanto pelos católicos, com o elogio da sociedade aberta e com a afirmação de que a época de Popper – o autor mais lembrado como ilustre propositor de uma ética laica – não havia de modo algum chegado ao fim. Sua época estaria ainda por vir, desde que os laicos não renunciassem às suas responsabilidades. "A realização de condições mínimas de liberdade – econômica, espiritual – pode abrir espaço para

---

13 G. Amato, "Etica. La forza del papa", entrevista realizada por A. Satta, *La Stampa*, 30 ago. 1997.

programas de trabalho bem precisos, muito mais do que as lamentações em torno dos Valores perdidos."[14]

Nos dois últimos capítulos – "Prós e contras de uma ética laica" e "Os deuses que fracassaram" –, procurei enfrentar diretamente, no primeiro, o problema fundamental que havia aflorado em todas as páginas precedentes, qual seja, o problema da relação de compatibilidade ou incompatibilidade, de indiferença recíproca ou de recíproca integrabilidade, conforme os pontos de vista, entre ética laica e ética religiosa. No segundo, procurei examinar o tema principal sobre o qual, em minha opinião, estabelecem-se a diferença e a dificuldade de diálogo entre laicos e religiosos: o problema do Mal.

Para dizer a verdade, mais que de uma ética laica, deveríamos falar de uma visão laica do mundo e da história, distinta de uma visão religiosa. Pode-se também falar, com uma linguagem compreensível por todos, de distinção entre uma concepção sagrada ou sacra e uma concepção profana ou desconsagrada, ou ainda, como se prefere dizer hoje, dessacralizada, do mundo e da história, distinção que teria tido sua origem no início da era moderna, no período weberianamente chamado de "desencantamento". Segundo o cristão, ao lado da história profana existe uma história sagrada, da qual o único guia seguro é a Igreja ou as diversas igrejas que retiram sua inspiração das Sagradas Escrituras. Para o laico, a história é uma só, e é a história em que estamos imersos, com nossas dúvidas não resolvidas e com nossas questões inelimináveis, cujo guia é a nossa razão, de modo algum infalível, que extrai da experiência os dados a partir dos quais se pode refletir. Esta é uma história por detrás da qual e acima da qual não há nenhuma outra história da qual esta nossa história seria apenas uma prefiguração imperfeita, um reflexo infiel ou até mesmo enganoso. Na visão do laico, falta a

---

14 G. Vattimo, "Le paure dei laici", *La Stampa*, 30 ago. 1997.

dimensão da esperança em um resgate final, em uma redenção, em uma palingênese, numa palavra, na salvação. Não pode haver salvação numa visão do mundo em que não existe sequer a ideia de uma culpa originária, que teria maculado para sempre toda a humanidade desde a origem e ao longo dos séculos. Para o laico, a história não se desenrola segundo um percurso predeterminado, e já traçado desde o início, entre uma culpa original e uma redenção final. É uma história de eventos de que se pode, ainda que nem sempre, encontrar a concatenação das causas, mas em que não se pode chegar à atribuição de culpas. É uma história da qual é inútil procurar um sentido último, porque um sentido último não existe ou ainda não se revelou de modo claro o suficiente para nos levar à aprovação. Qual o sentido do impressionante ciclone que há alguns anos arrasou uma região como Bangladesh e dizimou milhares de pessoas? Ou, para citar um evento, como o terremoto em Messina, ocorrido bem no início do trágico século XX, que destruiu uma cidade inteira, célebre na história do Ocidente, e matou grande parte de seus habitantes? Sei muito bem que propor questões deste gênero pode criar um certo mal-estar, além de poder ser também objeto de fáceis acusações da parte de um crente, para quem "nada se move ou acontece que não seja por vontade de Deus",[15] e tudo deve ter um sentido, até mesmo a matança de inocentes provocada por um dilúvio ou por um terremoto. Mas o laico não pode renunciar a exprimir suas próprias dúvidas, a pôr-se e repor-se questões com as quais busca abrir uma passagem nas trevas que o circundam, sem renunciar à consciência, que pouco a pouco pôde ir conquistando ao refletir sobre a vida e a morte, da sua limitada e atormentada humanidade. Para o homem de razão, não há nenhum sentido – se me permitirem o

---

15 Em italiano: *"non muove foglia che Dio non voglia"*, ditado popular de sentido bem evidente mas que, numa tradução literal para o português, perde bastante de seu ritmo. (N. T.)

jogo de palavras – em se pôr o problema do sentido de um evento como um cataclisma ou um terremoto, imprevisível, inesperado e angustiante, não apenas em suas consequências mas também por sua incompreensibilidade.

A contraposição, que me parece ser dificilmente sanável (mas peço luzes a quem é ou acredita ser mais iluminado do que eu), entre o homem de razão e o homem de fé, revela-se em toda a sua dramaticidade na discussão sobre o tema do Mal, ao qual são dedicados o último ensaio e o Apêndice, em que respondo a dois ilustres interlocutores.[16]

Meu objetivo foi sobretudo o de distinguir, mais claramente do que se costuma fazer, o mal ativo, a maldade, do mal passivo, o sofrimento, ou, com outras palavras, o mal infligido do mal sofrido. Até mesmo no livro de Albert Görres e Karl Rahner,[17] que é de 1982, o problema é apresentado com a velha distinção, absolutamente incongruente, entre mal moral e mal físico: incongruente, porque considera os dois males como duas espécies do mesmo gênero e, portanto, ofusca a exigência de manter completamente distintos os dois problemas que só estão relacionados entre si numa visão da história humana e do universo em que o sofrimento, o mal físico, seria a consequência direta ou indireta do mal moral, como de resto aparece habitualmente em certos textos de devoção religiosa, nos quais o doente também é um pecador e a libertação do pecado coincide com a libertação da doença.[18] Trata-se de uma visão da história e do universo que deixa completamente sem explicação tanto o sofrimento derivado

---

16 Não menos ilustres e amigáveis interlocutores são Enrico Peyretti, "Sul male regnante, sulla mitezza esiliata", *Il Foglio*, ano XXV, n.1, p.1-2, janeiro 1995, Vittorio Possenti, "Dio e il male", Vv. Aa., *L'etica e il suo altro*, Milano: Angeli, p.41-68, 1994.

17 A. Görres & K. Rahner, *Il male*. Le risposte della psicoterapia e del cristianesimo, Torino: Edizioni Paoline, 1987.

18 U. Bonate, *Nascita di una religione*. Le origini del cristianesimo, Torino: Bollati Boringhieri, 1994, p.21.

das catástrofes naturais quanto a impiedade que prevalece no mundo animal, no qual se pode efetivamente falar de um mal físico, mas não teria qualquer sentido falar de um mal moral. A maior parte dos sofrimentos de que são vítimas os homens, neste vale de lágrimas em que tantas vezes se ouve o lamento "Melhor teria sido não ter nascido", nada tem a ver com a culpa dos outros, nem com a própria culpa de cada um, nem com o mal-entendido como ação malvada. O mal infligido pode ser explicado miticamente com o pecado original; o mal sofrido, frequentemente inculpável, não.

Numa visão laica da vida não existe o Mal absoluto. Existem muitas formas de mal, mais precisamente muitos acontecimentos diversos que incluímos numa categoria onicompreensiva do Mal – genérica demais para ser pragmaticamente útil – e que deveriam ser bem diferenciados em termos analíticos. Uma reflexão sobre o mal deveria começar pela fenomenologia das várias formas do mal, como faz Paul Ricoeur, por exemplo, ainda que de modo não totalmente satisfatório.[19]

No interior desta grande dicotomia, seria preciso introduzir muitas outras distinções antes de enfrentar o problema das causas e dos remédios. Nem todo mal infringido pode ser inserido na categoria do Mal absoluto, ou que se define como absoluto unicamente porque não se consegue alcançar uma explicação possível. Auschwitz é o exemplo sempre presente nos debates atuais. Há uma infinidade de gradações na dimensão da ação má, que os teólogos morais e os juristas conhecem muito bem, e sobre as quais não é o caso de gastar outras palavras. Tanto o homicídio premeditado quanto o homicídio preterintencional podem ser incluídos na categoria do mal infringido, mas não podem ser tratados do mesmo modo. Até mesmo no interior da outra face do mal, a do sofrimento, é evidente a diferença

---

19   P. Ricoeur, *Il male*. Una sfida alla filosofia e alla teologia, Brescia: Morcelliana, 1993.

entre sofrimento físico e sofrimento psíquico, entre sofrimento psíquico e sofrimento moral. Não se pode comparar uma dor de dente com a dor pela perda de um ente querido ou pelo remorso diante de um ato que cometemos infringindo uma regra ou causando dano aos demais. A diferença se torna relevante quando se reflete sobre os possíveis remédios para uma ou outra fonte de dor. A dor física pode ser controlada ou limitada com um medicamento. Pense-se na importância que teve a anestesia para o desenvolvimento da cirurgia. Hoje, mesmo quem se coloca num ponto de vista religioso não contesta o uso desses remédios.

Bem distinta é a situação que se refere ao sofrimento psíquico ou ao sofrimento moral. Com respeito à dor pela morte de uma pessoa querida, ou não há remédio algum ou o único remédio é o natural e inevitável passar do tempo. Não há nenhum remédio fácil também para o sofrimento causado pelo mal praticado, em que consiste o remorso. Não existe outro remédio senão na expiação, na verdade, no autocastigo, ou no perdão, que é um ato gratuito do ofendido.

Estas e outras observações que se poderiam fazer são o á-bê-cê de um tratado sobre o problema do mal que queira enfrentar a questão prescindindo da existência de Deus. A dificuldade é hoje bem clara mesmo para aqueles que se põem o problema a partir de um ponto de vista religioso, que nos últimos tempos têm-se esforçado para encontrar soluções mais satisfatórias que as tradicionais, que haviam dado origem às várias teodiceias. Uma solução possível foi buscada, por exemplo, na redefinição do conceito de Deus, de modo a tornar compatível a existência de Deus com a existência do Mal.[20]

---

20 A propósito da filosofia do mal de Pareyson, que mereceria um maior aprofundamento, ver V. Possenti, *Dio e il male*, Torino: SEI, 1995, p.11 ss. Sobre a história do problema do mal a partir de Leibniz, remeto à obra recente de E. Spedicato, *La strana creatura del caos. Idee e figure del male nel pensiero della modernità*, Roma: Donzelli, 1997.

A resolução do insolúvel mistério do Mal no problema dos muitos males que afligem o homem não é um ato de insolência racionalista. É, ao contrário, muito modestamente, a primeira condição para que se possa consentir ao homem de razão e de ciência, ainda que consciente de seus próprios limites, o encontro de algum remédio eficaz para tornar o mal mais suportável.

Turim, fevereiro de 1998
N. B.

Elogio da serenidade

Entre os antigos, boa parte da ética se resolvia num tratado sobre as virtudes. Basta recordar a *Ética a Nicômacos*, de Aristóteles, que por séculos foi um modelo inquestionável. Em nossa época, semelhante tipo de tratado desapareceu quase que por completo. Hoje, seja no plano analítico, seja no propositivo, os filósofos morais discutem a respeito de valores e opções, e de sua maior ou menor racionalidade, bem como a respeito de regras ou normas e, consequentemente, de direitos e deveres. Uma das últimas grandes obras dedicadas ao tema clássico da virtude foi a segunda parte da *Metafísica dos costumes* (*Die Metaphysik der Sitten*) de Kant, intitulada "Doutrina da virtude" (*Die Tugendlehre*), que se segue à primeira parte, dedicada à "Doutrina do direito" (*Die Rechtslehre*). Mas a ética de Kant é eminentemente uma ética do dever, e de modo específico do dever interno distinto do dever externo, de que se ocupa a doutrina do direito. A virtude é aí definida como a força de vontade necessária para o cumprimento do próprio dever, como a força moral de que o homem necessita para combater os vícios que se opõem, como obstáculos, ao cumprimento do dever. Como o próprio Kant deixou claro por meio de explícitas e repetidas declarações, sua doutrina da virtude não tem nada a ver com a ética aristotélica. É parte integrante da ética do dever.

Nos séculos da grande filosofia europeia, o tema tradicional das virtudes e, respectivamente, dos vícios, transformou-se em objeto dos tratados sobre as paixões (*de affectibus*). Pense-se em *Les passions de l'âme*, de Descartes, na parte da *Ética* de Espinosa intitulada "*De origine et natura affectuum*", nos capítulos introdutórios das obras políticas de Hobbes, *Elements of Law Natural and Politic* e *Leviatã*. A doutrina ética, em vez disso, encontrou seu lugar, e não o perdeu mais por alguns séculos, na doutrina do direito natural, na qual prevaleceu, no tratamento dos elementos da moral, o ponto de vista das leis ou das regras (morais, jurídicas, do costume), donde a resolução da ética na doutrina dos deveres e, respectivamente, dos direitos. No tratado clássico e bastante conhecido, *Di iure naturae et gentium*, de Pufendorf, é dedicado um pequeno espaço ao tema das virtudes no sentido tradicional da palavra, num capítulo sobre a vontade humana.

A análise das virtudes continuou a ter sua expressão natural na obra dos moralistas, de que hoje praticamente se perderam as pistas. Mais ainda, na sociedade do bem-estar, o moralista é considerado no melhor dos casos um desmancha-prazeres, alguém que não sabe se divertir, não sabe viver. Moralista virou sinônimo de chorão, de alguém que se lamenta sempre, de pedagogo que ninguém escuta e é meio ridículo, de alguém que prega ao vento e fustiga os costumes, uma pessoa tão cansativa quanto, felizmente, inócua. Se desejares silenciar o cidadão que protesta e ainda tem capacidade de se indignar, digas que ele não passa de um moralista. É um expediente fulminante. Tivemos inúmeras ocasiões para constatar, nos últimos anos, que quem quer que tenha criticado a corrupção geral, o mau uso do poder econômico ou político, foi obrigado a levantar as mãos e dizer: "Faço isso não por moralismo". Como se precisasse deixar bem claro que não queria ter nenhum contato com aquela gente, geralmente levada em pouquíssima conta.

Porém, quando pronunciei meu discurso sobre a "serenidade", ainda não havia sido publicada, ou eu ainda não tivera notícia dela, a obra – que suscitou amplo debate logo após seu lançamento – *After Virtue. A Study in Moral Theory*, do filósofo Alasdair MacIntyre, que foi traduzida em italiano e se tornou bem conhecida entre nós.[1] Tal obra é uma tentativa de atualizar e recuperar o prestígio do tema da virtude, que teria sido injusta e prejudicialmente abandonado, retomando assim um caminho interrompido, a partir de Aristóteles. O pensamento do autor procede por meio de uma contínua polêmica, que a mim não parece ser sempre de boa qualidade e nem mesmo muito original, contra o emotivismo, a separação entre fatos e valores, contra o individualismo, que ele chama de "burocrático", contra todos os males do mundo moderno, dos quais o principal responsável teria sido o Iluminismo, por meio da prevalência do racionalismo ético, que inevitavelmente desembocou no niilismo. Por certo, este não é o lugar para nos ocuparmos com uma análise crítica do livro. Ele me interessa, nesta oportunidade, como uma prova a mais do abandono em que havia caído a doutrina da virtude. De fato, o autor apresenta e propõe sua própria obra como uma obra contra a corrente, como um retorno à tradição, como um desafio à "modernidade". Um de seus alvos preferidos é a ética das regras. A ética das virtudes contrapor-se-ia à ética das regras, que estaria prevalecendo na ética moderna e contemporânea. A ética das regras é aquela dos direitos e dos deveres.

Sempre tive certa hesitação em aceitar contraposições tão drásticas, porque elas favorecem atitudes unilaterais diante de temas tão obscuros como são os temas filosóficos, nos quais a verdade não está peremptória, definitiva, indiscutivelmente de um lado ou de outro, e também diante de uma possível interpretação da história, enorme recipiente que contém mil coisas

---

1 A. MacIntyre, *Dopo la virtù*. Saggio di teoria morale, Milano: Feltrinelli, 1998. Ver também S. Natoli, *Dizionario dei vizi e delle virtù*, Milano: Feltrinelli, 1996.

misturadas sem qualquer ordem, das quais é perigoso e pouco conclusivo isolar apenas uma.

É muito discutível que a ética tradicional tenha sido predominantemente uma ética das virtudes contraposta à ética das regras (digamos melhor: das leis). Seria preciso esquecer as *Nomoi* (as *Leis*), uma das grandes obras de Platão. Na própria *Ética a Nicômacos*, de Aristóteles, uma parte da virtude da justiça consiste no hábito de obedecer às leis. Os temas da virtude e das leis estão continuamente entrelaçados, mesmo na ética antiga. Nas raízes da nossa tradição moral, e como fundamento da nossa educação cívica, estão tanto a ostentação das virtudes como tipos ou modelos de ações boas, quanto a pregação dos Dez Mandamentos, nos quais a boa ação não é indicada mas prescrita. Não é importante que os Dez Mandamentos geralmente proíbam ações viciosas em vez de ordenar ações virtuosas. O mandamento "Honrai pai e mãe" ordena a virtude do respeito.

Em vez de agitar conflitos artificiais entre dois modos de considerar a moral, entre a ética das virtudes e a ética dos deveres, é bem mais útil e razoável começar a se dar conta de que estas duas morais representam dois pontos de vista diversos mas não opostos, a partir dos quais se pode julgar o que é bom e o que é mau na conduta dos homens considerados em si mesmos e em suas relações recíprocas. A clara contraposição entre elas, como se uma ética excluísse a outra, depende unicamente de um erro de perspectiva do observador. Tanto uma quanto a outra têm por objeto a ação boa, entendida como ação que tem por motivo a busca do Bem e por fim a sua obtenção. Com a seguinte diferença: a primeira descreve, indica e propõe a ação boa como exemplo; a segunda a prescreve como um comportamento que se deve ter, como um dever. Os tratados sobre as virtudes e os tratados *De officiis* se integram reciprocamente, seja na reflexão teórica sobre a moral, seja no ensinamento moral, assim como se integram, e não se contrapõem, no ensinamento escolar da moral, do qual somos destinatários desde a infância, o catálogo das virtudes cardeais e o catálogo das obras de misericórdia, propostas, como recordamos bem, em forma de preceitos. Da tradição da ética das virtudes nascem as vidas dos homens ilustres, dos heróis, dos santos, que induzem ao bem-fazer indicando exemplos de homens virtuosos; da ética das regras nasce o gênero do catecismo que induz ao bem-fazer propondo modelos de ação boa. Sua eficácia é diversa, cumulativamente, não alternativamente. Em vez de contrapor virtudes a regras, seria bem mais sábio analisar a relação entre elas, as diversas e não opostas exigências práticas de que nascem e às quais obedecem.

Do mesmo modo e ao mesmo tempo que foi exumado o tema das virtudes, que parecia ter sumido do debate filosófico, também foi retomado – mas com um vigor de pensamento bem distinto, outra vastidão de erudição histórica e maior originalidade de resultados, ainda que com uma mesma intenção de polêmica antirracionalista – o tema das paixões, por obra de Remo Bodei no monumental volume *Geometria das paixões*.[2] Com respeito à revalorização da ética das virtudes, a obra de Bodei é um pouco o reverso da medalha. Ao passo que a ética das virtudes ensinava a moderação, e portanto a disciplina das paixões ("a *pleonaxia*, brama insaciável de posse, representava o pecado moral da ética clássica", p.17), Bodei se põe o problema de saber se não se deve rever a antítese paixão *versus* razão e restituir às paixões o posto que lhes compete na reconstrução e na compreensão do mundo histórico, especialmente da sociedade contemporânea, em que os "desejos" ocupam um espaço sempre mais amplo, vistos como "paixões de espera dirigidas a bens e a satisfações imaginadas no futuro" (p. 20). Entre outras coisas, Bodei chama nossa atenção para a distinção humana entre paixões calmas ou frias e paixões agitadas ou quentes. Como se verá, para definir a "serenidade", introduzo a distinção entre virtudes fortes e fracas, que é simétrica à distinção de Bodei.

---

2   R. Bodei, *Geometria delle passioni*, Milano: Feltrinelli, 1991.

Gostaria ainda de acrescentar que uma razão a mais para que se reflita sobre o tema foi o uso recente, não habitual, da categoria da "serenidade" aplicada ao "direito", uso com o qual eu, velho leitor de livros jurídicos, jamais me havia deparado. Refiro-me ao livro de Gustavo Zagrebelsky, *Il diritto mite*,[3] diante do qual seria necessário pôr-se preliminarmente a questão: "Sereno, por quê?".

Os amigos que me haviam convidado sabiam que eu não hesitaria em escolher a "minha" virtude. Tive alguma incerteza apenas entre "serenidade" [*mitezza*] e "mansuetude" [*mansuetudine*]. Escolhi enfim "serenidade" por duas razões. No versículo das bem-aventuranças (Mateus, 5, 5), que em italiano aparece como *"Beati i miti perché erediteranno la terra"* ["Bem-aventurados os mansos, porque deles será a terra"], o texto latino da vulgata fala em *mites* e não em *mansueti*. Não sei por que se decidiu adotar esta tradução: é um dos vários problemas que deixo em suspenso e de que está repleto este meu discurso meio despretensioso. A segunda razão é que "manso" [*mansueto*], ao menos originariamente, é aplicado a animais e não a pessoas, mesmo que depois, como uma analogia, também tenha passado a ser aplicado a pessoas. (Mas o mesmo vale para *mite*:[4] *mite* como um cordeiro. O animal, porém, é manso porque é domesticado, ao passo que o cordeiro é símbolo da serenidade por sua própria natureza.) O argumento decisivo vem dos verbos respectivos: amansar, amestrar ou domesticar referem-se quase exclusivamente aos animais, e de fato se diz "amansar um tigre" e só para fazer piada se diz "amansar (*mansuafare*) a sogra". Em Dante, Orfeu domesticava as feras. "Mitigar", que vem de *mite*, refere-se, ao contrário, quase exclusivamente a atos, atitudes, ações e paixões humanas: mitigar o rigor de uma lei, a severidade de uma condenação, a dor física

---

3 G. Zagrebelsky, *Il diritto mite*. Torino: Einaudi, 1992.

4 No sentido de inclinado à doçura, à suavidade, à serenidade. (N. T.)

ou moral, a ira, a cólera, o desdém, o ressentimento, o ardor da paixão. Pego esta frase de um dicionário: "Com o tempo, o ódio entre as duas nações se mitigou". Não se poderia dizer "se amansou": seria risível.

Quanto aos dois substantivos abstratos que designam as respectivas virtudes, "mansuetude" e "serenidade", eu diria (mas é mais uma impressão que uma convicção, pois não estou fazendo um discurso rigoroso) que a serenidade alcança maior profundidade. A mansuetude está mais na superfície. Ou melhor, a serenidade é ativa; a mansuetude, passiva. Ainda: a mansuetude é mais uma virtude individual; a serenidade, mais uma virtude social. Social precisamente no sentido em que Aristóteles distinguia as virtudes individuais, como a coragem e a temperança, da virtude social por excelência, a justiça, que é disposição boa dirigida aos outros (ao passo que a coragem e a temperança são disposições boas somente no que diz respeito à própria pessoa). Explico-me: a mansuetude é uma disposição de espírito do indivíduo, que pode ser apreciada como virtude independentemente da relação com os outros. O manso é o homem calmo, tranquilo, que não se ofende por pouca coisa, que vive e deixa viver, que não reage à maldade gratuita, não por fraqueza, mas por aceitação consciente do mal cotidiano. A serenidade é, ao contrário, uma disposição de espírito que somente resplandece na presença do outro: o sereno é o homem de que o outro necessita para vencer o mal dentro de si.

Num filósofo turinense, Carlo Mazzantini, pouco conhecido hoje em dia e pertencente a uma geração anterior à minha, e que eu aprendi a admirar por sua profunda vocação filosófica, não obstante a diferenciação no modo de entender a tarefa do filósofo, encontrei um elogio e uma definição da serenidade que me sensibilizou: a serenidade é a única suprema "potência" [vejam bem: a palavra "potência" usada para designar a virtude que faz pensar no contrário da potência, na impotência, ainda que não resignada] que consiste em "deixar o outro ser aquilo que é".

Acrescentava: "o violento não predomina porque retira dos que violenta o poder de se doar. Predomina, porém, aquele que possui a vontade, a qual não se rende à violência, mas à serenidade". Portanto: "deixar o outro ser aquilo que é" é virtude social no sentido próprio, originário, da palavra.

Ainda uma observação linguística. *Mite* e *mitezza* são palavras que somente a língua italiana herdou do latim. Não o francês, que tem porém "mansuetude". O francês tem *doux* (e *douceur*) para quase todos os casos em que os italianos usam *mite*: um *caractère doux*, um *hiver doux*. Quando Montesquieu contrapõe o povo japonês, de caráter atroz, ao povo indiano de caráter *doux*, nós traduzimos *doux* por *mite*, e a palavra nos parece bastante precisa, menos genérica. Se disséssemos "dócil" ou "suave" – e podemos fazê-lo sem cometer nenhum delito de lesa-língua pátria –, sentiríamos como se estivéssemos cometendo um francesismo; é o que acontece, por exemplo, com o célebre livro de Beccaria, *Dos delitos e das penas*, cujo capítulo intitulado "A doçura das penas" não nos soa muito familiar e que traduzimos preferivelmente por *mitezza*.[5]

Para além destas notas lexicais, apenas esboçadas, mas suficientes para dar uma ideia do tipo de problema que temos pela frente, o tema fundamental a ser desenvolvido é o da colocação da virtude da serenidade na fenomenologia das virtudes.

Além da distinção entre virtudes individuais e virtudes sociais, que é uma distinção clássica, existem outras distinções que não tomei em consideração, como aquela, igualmente clássica, entre virtudes éticas e dianoéticas (a serenidade é certamente uma virtude ética), ou como aquela, introduzida pela ética cristã, entre virtudes teologais e virtudes cardeais (a serenidade é certamente uma virtude cardeal). Parece-me, porém, oportuno introduzir uma distinção, que não sei se chegou a ser feita por outras pessoas: entre virtudes fortes e virtudes fracas.

---

5 Aqui, no sentido de suavidade, moderação, brandura. (N. T.)

Elogio da serenidade

Entendamo-nos: "forte" e "fraco" não devem ter de modo algum, neste contexto, uma conotação respectivamente positiva ou negativa. A distinção é analítica, não axiológica. Melhor que com uma definição, procuro deixar claro o que entendo por "virtudes fortes" e "virtudes fracas" com exemplos. De um lado, existem virtudes como a coragem, a firmeza, a bravura, a ousadia, a audácia, o descortino, a generosidade, a liberalidade, a clemência, que são típicas dos potentes (poderemos também chamá-las de "virtudes reais" ou "senhoriais", e mesmo, sem malícia, de "virtudes aristocráticas"), isto é, daqueles que têm o ofício de governar, dirigir, comandar, guiar, e a responsabilidade de fundar e manter os Estados. Tanto é verdade que essas virtudes têm a oportunidade de se manifestar sobretudo na vida política, e nesta sublimação ou perversão da política (segundo contrastantes pontos de vista) que é a guerra.

De outro lado, existem virtudes – como a humildade, a modéstia, a moderação, o recato, a pudicícia, a castidade, a continência, a sobriedade, a temperança, a decência, a inocência, a ingenuidade, a simplicidade, e entre estas a mansuetude, a doçura e a serenidade – que são próprias do homem privado, do insignificante, do que não deseja aparecer, daquele que na hierarquia social está embaixo, não tem poder algum, às vezes nem sequer sobre si mesmo, daquele de que ninguém se dá conta, que não deixa traços nos arquivos em que devem ser conservados apenas os dados dos personagens e dos fatos memoráveis. Chamo de "fracas" estas virtudes não porque as considere inferiores ou menos úteis e nobres, e portanto menos apreciáveis, mas porque caracterizam aquela outra parte da sociedade onde estão os humilhados e os ofendidos, os pobres, os súditos que jamais serão soberanos, aqueles que morrem sem deixar outra pista de sua passagem pela terra que não uma cruz com nome e data num cemitério, aqueles de quem os historiadores não se ocupam porque não fazem história, porque são uma história diversa, com *h* minúsculo, a história submersa, ou melhor, a não história (mas há muito tempo já se fala de uma micro-história contraposta à macro-história, e quem sabe também exista um lugar para eles na micro-história). Penso nas magníficas páginas escritas por Hegel sobre os homens da história universal, como ele os chama, os fundadores de Estados, os "heróis": são aqueles a quem é lícito aquilo que não é lícito ao homem comum, até mesmo o uso da violência. Não há lugar entre eles para os serenos. Azar dos serenos: não será dado a eles o reino da Terra. Penso nos epítetos mais comuns que a fama atribui aos poderosos: magnânimo, grande, vitorioso, temerário, ousado, mas também terrível e sanguinário. Nesta galeria de poderosos, alguma vez foi visto o sereno? Alguém poderia me sugerir Ludovico, o Afável. Mas este é um título que concede pouca glória.

Para completar estas anotações, seria útil um exame dos livros pertencentes ao gênero literário dos *Specula principis*. Com isto, teríamos um elenco completo das virtudes que foram consideradas qualidades e prerrogativas do bom governante. Consultemos por exemplo *A educação do príncipe cristão*, de Erasmo (o anti-Maquiavel, a outra face do "rosto demoníaco do poder"). Eis as virtudes mais elevadas do príncipe ideal: a clemência, a gentileza, a equidade, a civilidade, a benignidade, e ainda a prudência, a integridade, a sobriedade, a temperança, a vigilância, a beneficência, a honestidade. Observem bem: são quase todas virtudes que chamei de "fracas". O príncipe cristão é o contrário do príncipe de Maquiavel e do herói de Hegel (grande admirador de Maquiavel). E, no entanto, não encontrei entre elas a *mitezza*, a não ser quando Erasmo se refere às penas, que deveriam ser "suaves" (mas não está excluída a pena de morte, com base no velho e sempre novo argumento de que é preciso amputar o membro infectado para que a parte sã não fique contaminada). Desde que toda virtude se define melhor quando se tem presente o vício contrário, o contrário de serenidade, quando se diz que uma pena deve ser "suave", é severidade, rigor, donde "serenidade", nesta acepção, poder ser aproximada de "indulgência". E, por certo, não é este o significado que assumi nesta minha apologia.

Opostas à serenidade, como eu a entendo, são a arrogância, a insolência, a prepotência, que são virtudes ou vícios, segundo as diversas interpretações, do homem político. A serenidade não é uma virtude política, antes é a mais impolítica das virtudes. Numa acepção forte de política, na acepção maquiavélica ou, para ser mais atual, schmittiana, a serenidade chega a ser mesmo a outra face da política. Precisamente por isso (talvez seja uma deformação profissional), ela me interessa de modo particular. Não se pode cultivar a filosofia política sem que se procure compreender aquilo que existe além da política, sem que se ingresse, em suma, na esfera do não político, sem que se estabeleçam os limites entre o político e o não político. A política não é tudo. A ideia de que tudo seja política é simplesmente monstruosa. Posso afirmar ter descoberto a serenidade na longa viagem de exploração além da política. Na luta política, mesmo na democrática, e aqui entendo por luta democrática a luta pelo poder que não recorre à violência, os homens serenos ou suaves não têm como participar. Os dois animais-símbolo do homem político são – recordemos o capítulo XVIII de *O príncipe* – o leão e a raposa. O cordeiro, o "suave" cordeiro, não é um animal político: quando muito, é a vítima predestinada, cujo sacrifício serve ao poderoso para aplacar os demônios da história. Uma máxima da sabedoria popular diz: "O lobo devora quem se finge de cordeiro". Também o lobo é um animal político: o *homo homini lupus* de Hobbes no estado de natureza é o início da política; o *princeps principi lupus* nas relações internacionais é uma continuação dele.

Acima de tudo, a serenidade é o contrário da arrogância, entendida como opinião exagerada sobre os próprios méritos, que justifica a prepotência. O indivíduo sereno não tem grande opinião sobre si mesmo, não porque se desestime, mas porque é mais propenso a acreditar nas misérias que na grandeza do homem, e se vê como um homem igual a todos os demais. Com maior razão, a serenidade é contrária à insolência, que é a arrogância ostentada. O indivíduo sereno não ostenta nada, nem sequer a própria serenidade: a ostentação, ou seja, o exibir vistosamente, descaradamente, as próprias alegadas virtudes, é por si só um vício. A virtude ostentada converte-se em seu contrário. Quem ostenta a própria caridade ressente-se da falta de caridade. Quem ostenta a própria inteligência é geralmente um estúpido. Com mais razão ainda, a serenidade é o contrário da prepotência. Digo "com mais razão" porque a prepotência é ainda pior do que a insolência. A prepotência é abuso de potência não só ostentada, mas concretamente exercida. O insolente exibe sua potência, o poder que tem de te esmagar do mesmo modo que se esmaga uma mosca com o dedo ou um verme com o pé. O prepotente pratica esta potência, por meio de todo tipo de abusos e excessos, de atos de domínio arbitrário e, quando necessário, cruel. O sereno é, ao contrário, aquele que "deixa o outro ser o que é", ainda quando o outro é o arrogante, o insolente, o prepotente. Não entra em contato com os outros com o propósito de competir, de criar conflito, e ao final de vencer. Está completamente fora do espírito da competição, da concorrência, da rivalidade, e portanto também da vitória. Na luta pela vida, ele é de fato o eterno perdedor. A imagem que tem do mundo e da história, do único mundo e da única história em que desejaria viver, é a de um mundo e de uma história em que não há nem vencidos nem vencedores, e isto porque não existem disputas pelo primado, nem lutas pelo poder, nem competições pela riqueza, em suma, faltam as próprias condições que permitem a divisão dos homens em vencedores e vencidos.

Com isso, não gostaria que se confundisse a serenidade com a submissão. Quando se deseja delimitar e definir um conceito, pode-se usar tanto o da oposição (por exemplo, a paz é o contrário da guerra), quanto o da analogia (a paz é análoga à trégua, mas é algo diverso da trégua). Emprego este mesmo expediente para chegar a uma identificação da serenidade como virtude: depois de tê-la definida por contraposição, agora busco aperfeiçoar a definição com base na analogia com as virtudes assim chamadas afins (mas diversas).

O submisso é aquele que renuncia à luta por fraqueza, por medo, por resignação. O sereno, não: refuta o destrutivo confronto da vida por senso de aversão, pela inutilidade dos fins a que tende este confronto, por um sentimento profundo de distanciamento dos bens que estimulam a cupidez dos demais, por falta daquela paixão que, segundo Hobbes, era uma das razões da guerra de todos contra todos, a vaidade ou a vanglória, que impele os homens a quererem ser os primeiros; enfim, por uma total ausência daquela obstinação ou teimosia que perpetua as brigas, e até mesmo as brigas por pouca coisa, numa sucessão de golpes e retaliações, de "você me fez isto, eu te faço aquilo", do espírito de revanche ou vingança que conduz inevitavelmente ao triunfo de um sobre o outro ou à morte de ambos. Não é nem submisso nem concessivo, porque a concessividade é a disposição daquele que aceitou a lógica da disputa, a regra de um jogo no qual, ao término, há um que vence e um que perde (um jogo de soma zero, como se diz na teoria dos jogos). O sereno não guarda rancor, não é vingativo, não sente aversão por ninguém. Não continua a remoer as ofensas recebidas, a alimentar o ódio, a reabrir as feridas. Para ficar em paz consigo mesmo, deve estar antes de tudo em paz com os outros. Jamais é ele quem abre fogo; e se os outros o abrem, não se deixa por ele queimar, mesmo quando não consegue apagá-lo. Atravessa o fogo sem se queimar, a tempestade dos sentimentos sem se alterar, mantendo os próprios critérios, a própria compostura, a própria disponibilidade.

O homem sereno é tranquilo, mas não submisso, repito, e nem mesmo afável: na afabilidade há uma certa grosseria ou falta de refinamento na avaliação dos outros. O afável é um crédulo, ou ao menos é alguém que não tem tanta malícia para suspeitar da possível malícia dos outros. Não tenho dúvidas de que a serenidade é uma virtude. Mas duvido que a afabilidade também o seja, porque o afável não tem uma relação justa com os outros (e por isso, admitindo-se que seja uma virtude, é uma virtude passiva).

Não se deve confundir a serenidade com a humildade (a humildade elevada a virtude pelo cristianismo). Espinosa define a humildade como *"tristitia orta ex eo quod homo suam impotentiam sive imbecillitatem contemplatur"* ("tristeza nascida do fato de que o homem contempla sua impotência ou fraqueza"), com a *tristitia* sendo, por sua vez, entendida como *"transitio a maiore ad minorem perfectionem"* ("passagem de uma perfeição maior para uma perfeição menor"). Em meu entendimento, a diferença entre serenidade e humildade está naquela *tristitia*: a serenidade não é uma forma de *tristitia*, porque é bem mais uma forma do seu oposto, a *laetitia*, entendida precisamente como a passagem de uma perfeição menor para uma perfeição maior. O sereno é hílare porque está intimamente convencido de que o mundo por ele imaginado será melhor que o mundo em que ele é obrigado a viver, e o prefigura na sua ação cotidiana, exercitando precisamente a virtude da serenidade, ainda que saiba que este mundo não existe aqui e agora e talvez não venha a existir jamais. Além disso, o contrário da humildade é a excessiva aprovação de si mesmo, numa palavra, a vaidade. O contrário da serenidade, como já disse, é o abuso do poder, no sentido literal da palavra, o excesso, a pretensão. O sereno pode ser configurado como o antecipador de um mundo melhor; o humilde é apenas uma testemunha, nobre mas sem esperança, deste mundo.

Muito menos a serenidade pode ser confundida com a modéstia. A modéstia é caracterizada por uma subavaliação, nem sempre sincera e muitas vezes hipócrita, de si mesmo. A serenidade não é nem subavaliação nem sobreavaliação de si, porque não é uma disposição para consigo mesmo mas, como já disse, é sempre uma atitude em relação aos outros e somente se justifica no "ser em relação ao outro". Não se deve excluir que o sereno possa ser humilde e modesto. Mas as três características não coincidem. Sejamos humildes e modestos para nós mesmos. Sejamos serenos diante do nosso próximo.

Como modo de ser em relação ao outro, a serenidade resvala o território da tolerância e do respeito pelas ideias e pelos modos de viver dos outros. No entanto, se o indivíduo sereno é tolerante e respeitoso, não é apenas isto. A tolerância é recíproca: para que exista tolerância é preciso que se esteja ao menos em dois. Uma situação de tolerância existe quando um tolera o outro. Se eu o tolero e você não me tolera, não há um estado de tolerância mas, ao contrário, prepotência. Passa-se o mesmo com o respeito. Cito Kant: "Todo homem tem o direito de exigir o respeito dos próprios semelhantes e *reciprocamente* está obrigado ele próprio a respeitar os demais". O sereno não pede, não pretende qualquer reciprocidade: a serenidade é uma disposição em relação aos outros que não precisa ser correspondida para se revelar em toda a sua dimensão. Como de resto a benignidade, a benevolência, a generosidade, a *bienfaisance*, que são todas virtudes sociais mas são ao mesmo tempo unilaterais. Que não pareça uma contradição: unilaterais no sentido de que à direção de um em relação ao outro não corresponde uma igual direção, igual e contrária, do segundo em relação ao primeiro. "Eu o tolero se você me tolera". Em vez disso: "Eu protejo e exalto minha serenidade – ou minha generosidade, ou minha benevolência – com relação a você independentemente do fato de que você também seja sereno – ou generoso, ou benevolente – comigo". A tolerância nasce de um acordo e dura enquanto dura o acordo. A serenidade é um dom sem limites preestabelecidos e obrigatórios.

Para completar o quadro, é preciso considerar que, ao lado das virtudes afins, existem as virtudes complementares, aquelas que podem estar juntas e que, estando juntas, se reforçam e se completam reciprocamente. Em relação à serenidade, veem-me à mente duas: a simplicidade e a misericórdia (ou a compaixão). Com esta advertência: que a simplicidade é o pressuposto necessário ou quase necessário da serenidade e a serenidade é um pressuposto possível da compaixão. Em outras palavras, para que alguém seja suave é preciso que seja simples, e apenas a pessoa serena pode ser bem-disposta à compaixão. Por "simplicidade" entendo a capacidade de fugir intelectualmente das complicações inúteis e praticamente das posições ambíguas. Se vocês preferirem, ela pode ser pensada como estando unida à limpidez, à clareza, à recusa da simulação. Assim entendida, a simplicidade parece-me ser uma precondição, ou melhor, uma predisposição da serenidade. Dificilmente o homem complicado pode estar disposto à serenidade: vê intrigas, tramas e insídias por toda parte, e consequentemente tanto é desconfiado em relação aos outros quanto inseguro em relação a si mesmo.

Com respeito à relação entre serenidade e compaixão, porei o problema da relação entre elas como relação não de necessidade, mas somente de possibilidade: a serenidade pode (não deve) ser uma predisposição à misericórdia. Mas a misericórdia é, como diria Aldo Capitini, um "acréscimo", um "ganho". Assim, é visivelmente um acréscimo que entre todos os seres da natureza somente o homem conheça a virtude da misericórdia. A misericórdia faz parte da sua excelência, da sua dignidade, da sua unicidade. Quantas são as virtudes que foram simbolizadas com um animal! Dentre tantas outras, algumas daquelas aqui evocadas: simples como uma pomba, suave como um cordeiro, o nobre corcel e a gentil gazela, o leão corajoso e generoso, o cão fiel. Vocês já tentaram representar a misericórdia com um animal? Se tentarem, não terão sucesso. Vico dizia que o mundo civil dos homens nasce do sentimento do pudor, do momento em que os homens, aterrorizados pelo raio de Júpiter, abandonaram a Vênus errante e levaram suas mulheres para as cavernas. Também podemos admitir que o mundo civil começou do sentimento do pudor. Mas apenas a misericórdia distingue o mundo humano do mundo animal, do reino da natureza não humana. No mundo humano, acontece algumas vezes que "a piedade morreu" (para lembrar uma canção dos *partigiani*, familiar aos que pertencem à minha geração). No mundo animal, a piedade não pode morrer, porque é desconhecida.

Sinto-me obrigado a terminar estas rápidas observações expondo as razões que me levaram, diante do riquíssimo catálogo das virtudes, a escolher precisamente a serenidade.

Elogio da serenidade

É bem provável que muitos leitores pensem que a escolhi porque a considero particularmente consoante a mim mesmo. Não, confesso isto candidamente. Gostaria muito de ter a natureza do homem sereno. Mas não é assim. Enfureço-me com frequência excessiva (tenho acessos de "fúria" e não "heroicos furores") para me considerar um homem sereno. Amo as pessoas serenas, isto sim, porque são elas que tornam mais habitável este nosso "cercado", a ponto de fazerem com que eu pense que a cidade ideal não é aquela fantasiada e descrita nos mais minuciosos detalhes pelos utópicos, onde reinaria uma justiça tão rígida e severa que se tornaria insuportável, mas aquela em que a gentileza dos costumes converteu-se numa prática universal (como a China idealizada pelos escritores do século XVIII). Assim como eu a apresentei, é provável que a serenidade tenha adquirido a qualidade de uma virtude feminina. Não tenho qualquer dificuldade em admitir isso. Sei que causo um desprazer às mulheres que lutam contra o secular domínio do homem se digo que a serenidade sempre me pareceu desejável justamente por sua feminilidade. Creio que estaria destinada a triunfar no dia em que se realizasse a cidade das mulheres (não a de Fellini, naturalmente). Por isso, nunca encontrei nada mais tedioso que o grito das feministas mais intransigentes: "Recuem, recuem, as bruxas estão voltando!".[6] Posso compreender o sentido polêmico de uma expressão como esta, mas ela é bastante desagradável.

A escolha da serenidade não é, portanto, biográfica. Por si mesma, trata-se de uma escolha metafísica, porque afunda suas raízes numa concepção do mundo que eu não saberia justificar. Mas do ponto de vista das circunstâncias que a provocaram, trata-se de uma escolha histórica: considerem-na como uma reação contra a sociedade violenta em que estamos forçados a viver.

---

6 *"Tremate, tremate, le streghe son tornate!"*: um dos *slogans* usados nos anos 1960 pelas feministas italianas, que viam as bruxas como símbolo da luta contra a sociedade patriarcal e machista. (N. T.)

Não que eu tenha sido tão desprendido a ponto de acreditar que a história humana tenha sido sempre um idílio: Hegel uma vez a apresentou como "um imenso matadouro". Mas agora existem os "megatons", e estes são uma novidade absoluta no "destino da terra" (para repetir o título do livro de Jonathan Schell). Agora, dizem os especialistas, com as armas acumuladas nos arsenais das grandes potências, é possível destruir várias vezes a Terra. Que isto seja possível não significa que deva necessariamente acontecer. Ainda que a guerra atômica eclodisse, dizem os especialistas, a Terra não seria de fato completamente destruída. Mas pensem um pouco: que cansaço, começar tudo de novo, desde o início! O que me aterroriza são estes malditos megatons unidos à vontade de potência que não se reduziu e que, ao contrário, no século XX, no século das duas guerras mundiais e da guerra latente entre os dois grandes que durou quarenta anos, parece ter aumentado e sido sublimada. Mas não há apenas a vontade de potência dos grandes. Há também uma vontade de potência dos pequenos, a do criminoso isolado, do minúsculo grupo terrorista, daquele que joga uma bomba onde há multidões para que morra o maior número possível de gente inocente, num banco, num trem lotado, na sala de espera de uma estação ferroviária. É vontade de potência daqueles que se reconhecem nesta autoapologia: "Eu, pequeno homem insignificante e obscuro, assassino o homem importante, um protagonista do nosso tempo, e ao matá-lo me torno mais potente do que ele; ou mato num só golpe muitos homens insignificantes e obscuros como eu, mas absolutamente inocentes; assassinar um culpado é um ato de justiça, matar um inocente é a suprema manifestação da vontade de potência".

Vocês compreenderam: identifico o sereno com o não violento, a serenidade com a recusa a exercer a violência contra quem quer que seja. A serenidade é, portanto, uma virtude não política. Ou mesmo, neste nosso mundo ensanguentado pelo ódio provocado por grandes e pequenos potentes, a antítese da política.

Parte I

1
Ética e política

Como se põe o problema

De uns anos para cá, na Itália, os discursos sempre mais frequentes sobre a questão moral têm voltado a propor o velho tema da relação entre moral e política. Velho mas sempre novo tema, pois nenhuma questão moral – proposta em qualquer campo – encontrou até hoje solução definitiva. Ainda que mais célebre pela antiguidade do debate, pela autoridade dos escritores que dele participaram, pela variedade dos argumentos empregados e pela importância do tema, o problema da relação entre moral e política não é distinto daquele entre a moral e todas as demais atividades do homem. Isso nos induz a falar habitualmente de uma ética das relações econômicas, ou, como tem sido o caso nos últimos anos, de uma ética do mercado, de uma ética sexual, de uma ética médica, de uma ética esportiva, e assim por diante. Em todas essas diferentes esferas da atividade humana, trata-se sempre do mesmo problema: a distinção entre aquilo que é moralmente lícito e aquilo que é moralmente ilícito.

O problema das relações entre ética e política é mais grave porque a experiência histórica mostrou, ao menos desde o contraste que contrapôs Antígona a Creonte, e o senso comum parece ter pacificamente aceitado, que o homem político pode se comportar de modo dissonante da moral comum, que um ato ilícito em moral pode ser considerado e apreciado como lícito em política, em suma, que a política obedece a um código de regras, ou sistema normativo, que não se coaduna e em parte é incompatível com o código de regras, ou sistema normativo, da conduta moral. Quando Maquiavel atribui a Cosmo de Médici (e parece aprovar) a máxima de que os Estados não se governam com os *pater noster* nas mãos, demonstra considerar, e dar por admitido, que o homem político não pode desenvolver a própria ação seguindo os preceitos da moral dominante, que numa sociedade cristã coincide com a moral evangélica. Para chegar a dias mais atuais, num drama bem conhecido, *As mãos sujas*, Jean-Paul Sartre sustenta – ou melhor, faz com que um de seus personagens sustente – a tese de que quem desenvolve uma atividade política não pode deixar de sujar as mãos (de lama ou mesmo de sangue).

Portanto, por mais que a questão moral esteja presente em todos os campos da conduta humana, quando aparece na esfera da política acaba por assumir um caráter particularíssimo. Em todos os outros campos, a questão moral consiste em discutir qual é a conduta moralmente lícita e, vice-versa, qual é a ilícita, e se for o caso, numa moral não rigorista, qual é a indiferente, nas relações econômicas, sexuais, esportivas, entre médico e paciente, entre professor e aluno, e assim por diante. A discussão versa sobre quais seriam os princípios ou as regras que respectivamente os empresários ou os comerciantes, os amantes ou os cônjuges, os jogadores de pôquer ou de futebol, os médicos e os cirurgiões, os educadores devem seguir no exercício de suas atividades. O que não está geralmente em discussão é a própria questão moral, ou melhor, se existe ou não uma questão moral, se em outras palavras é ou não plausível pôr-se o problema da moralidade das respectivas condutas. Tomemos, por exemplo, o campo da ética médica e mais em geral da bioética, no qual há anos ferve um debate particularmente vigoroso entre os filósofos morais: a discussão é animadíssima quanto à licitude ou ilicitude de certos atos, mas ninguém cogita de negar o problema mesmo, isto é, que no exercício da atividade médica surgem problemas que todos os que com eles lidam estão acostumados a considerar morais, e ao assim considerá-los entendem-se perfeitamente entre si, ainda que não se entendam quanto a quais são os princípios ou as regras a serem observados e aplicados. Passa-se o mesmo na disputa corrente sobre a moralidade do mercado.[1] Apenas onde se sustente que o mercado como tal, na medida em que é um mecanismo racionalmente perfeito, embora de uma racionalidade espontânea e não refletida, não pode ser submetido a qualquer avaliação de ordem moral, é que o problema acaba por ser posto de modo semelhante àquele em que se pôs tradicionalmente o problema moral em política. E ainda assim com esta diferença: mesmo nas avaliações do mercado mais despreconceituosas em termos morais, jamais se chegará a sustentar consciente e raciocinadamente a imoralidade do mercado, mas no máximo a sua pré-moralidade, ou amoralidade, ou seja, não tanto a sua incompatibilidade com a moral quanto a sua exterioridade a qualquer avaliação de ordem moral. O amigo intransigente do mercado não tem qualquer necessidade de afirmar que o mercado não se governa com os *pater noster*. Quando muito, afirma que ele não se governa de modo algum.

Naturalmente, o problema das relações entre moral e política apenas tem sentido se se está de acordo em considerar que exista uma moral e se se aceitam em geral alguns preceitos que a caracterizam. Para se estar de acordo sobre a existência da moral e sobre alguns preceitos bem gerais, negativos como *"neminem laedere"*

---

1 Ver A. K. Sen, Mercato e libertà, *Biblioteca della libertà*, n.94, p.8-27, 1986.

("Não lesar ninguém"), positivos como *"suum cuique tribuere"* ("Dar a cada um o que é seu"), não é preciso estar de acordo sobre seu fundamento, que é o tema filosófico por excelência em torno do qual as escolas filosóficas sempre se dividiram e continuarão a se dividir. A relação entre éticas e teorias da ética é bastante complexa, e podemos nos limitar aqui a dizer que o desacordo sobre os fundamentos não prejudica o acordo sobre as regras fundamentais.

Na melhor das hipóteses, pode-se esclarecer que, quando falamos de moral em relação à política, estamos nos referindo à moral social e não à individual, isto é, à moral que diz respeito às ações de um indivíduo que interferem na esfera de atividade de outros indivíduos e não à moral que diz respeito às ações relativas, por exemplo, ao aperfeiçoamento da própria personalidade, independentemente das consequências que a busca deste ideal de perfeição possa ter para os outros. A ética tradicional sempre distinguiu os deveres para com os demais dos deveres para consigo próprio. No debate sobre o problema da moral em política, vêm à tona exclusivamente os deveres para com os outros.

A ação política pode ser submetida ao julgamento moral?

Diferentemente do que ocorre em outros campos da conduta humana, na esfera da política o problema posto tradicionalmente não diz respeito a quais são as ações moralmente lícitas ou ilícitas, mas sim à questão de saber *se* haveria sentido em se propor o problema da licitude ou ilicitude moral das ações políticas. Para dar um exemplo que ajuda a compreender melhor: não há sistema moral que não contenha preceitos voltados a impedir o uso da violência e da fraude. As duas principais categorias de crimes previstas em nossos códigos penais são os crimes de violência e de fraude. Num célebre capítulo de *O príncipe*, Maquiavel sustenta que o bom político deve conhecer bem as artes do leão e da raposa. Mas o leão e a raposa são o símbolo da força e da astúcia.

Nos tempos modernos, o mais maquiavélico dos escritores políticos, Vilfredo Pareto, que, nesta condição, foi incluído entre os maquiavélicos num livro bem conhecido, recentemente reeditado,[2] sustenta tranquilamente que os políticos são de duas categorias: aqueles em que prevalece o instinto da persistência dos agregados, e estes são os maquiavélicos leões, e aqueles em que prevalece o instinto das combinações, e estes são os maquiavélicos raposas. Numa célebre página, Croce, que era admirador de Maquiavel e de Marx por sua concepção realista da política, desenvolve o tema da "honestidade política", começando o discurso com as seguintes palavras, que não necessitam de comentário: "Outra manifestação da vulgar ininteligência acerca das coisas da política é a petulante exigência que se faz de honestidade na vida política". Depois de esclarecer que se trata de um ideal que canta na alma de todos os imbecis, explica que "a honestidade política nada mais é que a capacidade política".[3] A qual, acrescentamos nós, é aquela que Maquiavel chamava de *virtù*, que, como todos sabem, nada tem a ver com a virtude de que se fala nos tratados de moral, a começar da *Ética a Nicômacos*, de Aristóteles.

Destes exemplos, que poderiam ser multiplicados, parece ficar evidente que não se poderia tirar outra conclusão que não a da impossibilidade de se pôr o problema das relações entre moral e política nos mesmos termos em que se põe o problema da moral nas outras esferas da conduta humana. Não que não tenham existido teorias que sustentaram a tese contrária, qual seja, a tese de que também a política subjaz, ou melhor, deve

---

2   Refiro-me a J. Burnham, *The Machiavellians Defenders of Freedom*, New York: Putnam & C., 1943. Ver a tradução italiana organizada por Ernesto Mari, *I difensori della libertà*, Milano: Mondadori, 1947. A mesma tradução, revista e corrigida por Gaetano Pecora com a colaboração de Vittorio Ghinelli, foi recentemente reeditada com o título *I machiavelliani*. Critica della mentalità ideologica, prefácio de Luciano Pellicani, Milano, Dunod, 1997.

3   B. Croce, L'onestà politica, *Etica e politica*, Bari: Laterza, 1945, p.165.

subjazer, à lei moral, mas elas jamais conseguiram se afirmar com argumentos muito convincentes e acabaram por ser consideradas tão nobres quanto inúteis.

O tema da justificação

Mais que à argumentação acerca da moralidade da política, destinada a ter escassa força persuasiva, a maior parte dos autores que se ocuparam da questão deu mais importância às lições da história e da experiência comum, das quais se extrai o aprendizado da separação entre moral comum e conduta política, e concentrou sua atenção em tentar compreender e, em última instância, justificar esta divergência. Penso que toda a história do pensamento político moderno, ou ao menos grande parte dela, pode ser resumida na busca de uma solução do problema moral em política, interpretando-a como uma série de tentativas de dar uma justificação para o fato, em si mesmo escandaloso, de que existe um evidente contraste entre moral comum e moral política. Quando os escritores políticos assumem tal atitude diante do problema, não se propõem a prescrever o que o político deve fazer. Abandonam o campo preceptista e se põem num terreno diverso, o da compreensão do fenômeno. Acolhendo a distinção hoje corrente entre ética e metaética, a maior parte das minuciosas indagações sobre a moralidade da política, de que é rica a filosofia política da era moderna, é predominantemente de metaética, ainda que não se possam excluir reflexões secundárias, nem sempre intencionais, sobre ética.

Falo em "justificação" depois de ter avaliado bem a situação. A conduta que precisa ser justificada é a que não está conforme às regras. Não se justifica a observância da norma, isto é, a conduta moral. A exigência da justificação nasce quando o ato viola ou parece violar as regras sociais geralmente aceitas, não importa se morais, jurídicas ou do costume. Não se justifica a obediência mas a desobediência, e isto se se considera que ela tenha algum valor moral. Não se justifica a presença numa reunião obrigatória, mas a ausência. Em geral, não há nenhuma necessidade de se justificar o ato regular ou normal, mas é necessário dar uma justificação ao ato que peca por excesso ou por falha, sobretudo se se deseja salvá-lo. Ninguém pede uma justificação para o ato da mãe que se atira no rio para salvar o filho que está para se afogar. Mas pretende-se obter uma justificação se ela não faz isso. Um dos maiores problemas teológicos e metafísicos, o problema da teodiceia, nasce da constatação do mal no mundo e na história. Cândido não se preocupa em justificar a existência do melhor dos mundos possível: sua tarefa é, eventualmente, a de explicar ou demonstrar o fato de que o mundo é assim e não de outro modo.

Reconheço que, diante da vastidão do tema, estou me propondo uma tarefa muito modesta. Penso que talvez possa ser de alguma utilidade apresentar, à guisa de introdução, um "mapa" das diversas e opostas soluções que historicamente foram dadas para o problema da relação entre ética e política.

Trata-se de um mapa certamente incompleto e imperfeito, porque está submetido à possibilidade de um duplo erro: com respeito à classificação dos tipos de solução bem como ao enquadramento das diversas soluções neste ou naquele tipo. O primeiro erro é de natureza conceitual, o segundo de interpretação histórica. Trata-se, portanto, de um mapa a ser revisto a partir de ulteriores observações. Mas creio estar em condições de oferecer ao menos uma primeira orientação a quem, antes de se aventurar num terreno pouco conhecido, deseje conhecer todas as vias que o atravessam.

Todos os exemplos são extraídos da filosofia política moderna, a partir de Maquiavel. É verdade que a grande filosofia política nasce na Grécia, mas a discussão do problema das relações entre ética e política só se torna particularmente aguda com a formação do Estado moderno, recebendo então pela primeira vez um nome que nunca mais a abandonará: "razão de Estado".

Por qual motivo? Agrego algumas razões, ainda que com muita cautela. O dualismo entre ética e política é um dos aspectos do grande contraste entre Igreja e Estado, um dualismo que não podia nascer senão com a contraposição entre uma instituição cuja missão é a de ensinar, anunciar, recomendar leis universais de conduta, reveladas por Deus, e uma instituição terrena cuja tarefa é a de assegurar a ordem temporal nas relações dos homens entre si. O contraste entre ética e política na era moderna se resolve, na realidade, desde o princípio, no contraste entre a moral cristã e a práxis daqueles que desenvolvem ação política. Num Estado pré-cristão, onde não existe uma moral institucionalizada, o contraste é menos evidente. O que não quer dizer que o pensamento grego o ignore: basta pensar na oposição entre as leis ágrafas a que apela Antígone e as leis do tirano. No mundo grego, porém, não há uma moral, mas várias morais. Toda escola filosófica tem sua moral. E onde existem diversas morais com que se pode confrontar a ação política, o da relação entre moral e política não tem sentido preciso algum. O que despertou o interesse dos pensadores gregos não foi tanto o problema da relação entre ética e política, mas o da relação entre bom governo e mau governo, do qual nasce a distinção entre o rei e o tirano. Esta, porém, é uma distinção interna ao sistema político, que não diz respeito à relação entre um sistema normativo como a política e um outro sistema normativo como a moral. Isso ocorreria, porém, nos mundos cristão e pós-cristão.

A segunda razão da minha escolha é que, sobretudo com a formação dos grandes Estados territoriais, a política se revela sempre mais como um lugar em que se explicita a vontade de potência, num teatro bem mais vasto, e portanto bem mais visível, do que aquele das lutas citadinas ou dos conflitos da sociedade feudal; sobretudo quando esta vontade de potência é posta a serviço de uma confissão religiosa. O debate sobre a razão de Estado explode no período das guerras religiosas. O contraste entre moral e política se revela em toda a sua dramaticidade quando ações moralmente condenáveis (pense-se, para dar um bom exemplo, na noite de São Bartolomeu, exaltada entre outros por um dos maquiavélicos, Gabriel Naudé) são praticadas em nome da fonte mesma, originária, única, exclusiva, da ordem moral do mundo, que é Deus.

Pode-se acrescentar ainda uma terceira razão: somente no século XVI o contraste foi assumido como problema também prático, e se procurou dar a ele alguma explicação. O texto canônico ainda uma vez é *O príncipe*, de Maquiavel, em particular o capítulo XVIII, que começa com estas palavras fatais: "Todos reconhecem o quanto é louvável que um príncipe mantenha a palavra empenhada e viva com integridade e não com astúcia. Entretanto, por experiência, vê-se, em nossos tempos, que fizeram grandes coisas os príncipes que tiveram em pouca conta a palavra dada". A chave de tudo é a expressão "grandes coisas". Se se começa a discutir em torno do problema da ação humana não mais a partir do ponto de vista dos princípios, mas do ponto de vista das "grandes coisas", isto é, dos resultados, então o problema moral muda completamente de aspecto, inverte-se radicalmente. O longo debate sobre a razão de Estado é um comentário, que se estendeu por séculos, a esta afirmação, peremptória e inconfundivelmente verídica: na ação política, não são os princípios que contam, mas as grandes coisas.

Voltando à nossa tipologia, depois desta premissa, fixarei ainda uma segunda. Das doutrinas sobre ética e política, que enumerarei, algumas têm valor prioritariamente prescritivo, na medida em que não pretendem explicar o contraste, mas tendem a dar a ele uma solução prática. Outras têm um valor prioritariamente analítico, na medida em que tendem não a sugerir como deveria ser resolvida a relação entre ética e política, mas a indicar por qual razão o contraste existe. Considero que o fato de não se ter dado conta da diversa função das teorias acabou por levar a grandes confusões. Por exemplo, não há sentido em refutar uma doutrina prescritiva fazendo observações de tipo realista, assim como não há sentido em se opor a uma teoria analítica propondo uma melhor ou a melhor solução do contraste.

Divido as teorias que se dedicaram ao problema da relação entre moral e política em quatro grandes grupos, ainda que eles nem sempre sejam de fato claramente separáveis e com muita frequência confluam um no outro. Distingo as teorias monísticas das dualísticas; as monísticas, por sua vez, em monismo rígido e monismo flexível; as dualísticas em dualismo aparente e dualismo real. No monismo rígido, incluo os autores para os quais não existe contraste entre moral e política porque há um único sistema normativo, ou o moral ou o político; no monismo flexível, entram os autores para os quais existe um único sistema normativo, o moral, que no entanto consente, em determinadas circunstâncias ou para sujeitos particulares, derrogações ou exceções justificáveis com argumentos pertencentes à esfera do razoável; no dualismo aparente, estão os autores que concebem moral e política como dois sistemas normativos distintos mas não totalmente independentes um do outro, ou seja, postos um sobre o outro em ordem hierárquica; por fim, no dualismo real, incluo os autores para quem moral e política são dois sistemas normativos diferentes que obedecem a diversos critérios de julgamento. Exponho as várias teorias no sentido da crescente e sempre maior separação entre os dois sistemas normativos.

O monismo rígido

Existem naturalmente duas versões do monismo rígido, segundo as quais a *reductio ad unum* é obtida resolvendo a política na moral ou, vice-versa, a moral na política.

Exemplo da primeira é a ideia, ou melhor, o ideal do príncipe cristão, típico do século XVI, tão bem representado por Erasmo, cujo livro, *A educação do príncipe cristão*, é de 1515, portanto mais ou menos contemporâneo ao *Príncipe* de Maquiavel, do qual é a antítese mais radical. Vejamos algumas citações. Erasmo dirige-se ao príncipe e diz: "Se desejas mostrar-te um ótimo príncipe, estejas bem atento para não seres superado por algum outro naqueles bens que são verdadeiramente os teus: a magnanimidade, a temperança e a honestidade". Estas virtudes exclusivamente morais não têm nada a ver com a virtude no sentido maquiavélico da palavra. Ou então: "Se quiseres entrar em luta com outros príncipes, não consideres que os tenhas vencido apenas porque te apropriastes de parte do seu domínio. Apenas os vencerás verdadeiramente se fores menos corrupto do que eles, menos avaro, arrogante, irascível". E ainda: "Qual é a minha cruz?", pergunta o príncipe. A resposta: "É seguir aquilo que é honesto, não praticar o mal contra ninguém, não se deixar corromper pelos dons". A satisfação do príncipe está em ser justo, não em fazer "grandes coisas".

Retiro o segundo exemplo de Kant. No apêndice àquele brilhante livro que é *Pela paz perpétua*, Kant distingue o moralista político – que ele condena do político – moral, que exalta. O político moral é aquele que não subordina a moral às exigências da política, mas interpreta os princípios da prudência política de modo a fazer com que eles coexistam com a moral: "Se bem que a máxima 'A honestidade é a melhor política' implique uma teoria que a prática desmente com bastante frequência, a máxima igualmente teorética 'A honestidade é melhor que qualquer política' é todavia infinitamente superior a toda objeção e constitui a condição indispensável da política". Para um estudioso de moral, pode ser interessante saber que tanto Erasmo quanto Kant, ainda que partindo de teorias morais diversas (quero dizer, de teorias diversas sobre o fundamento da moral), recorrem, para sustentar suas próprias teses, ao mesmo argumento, que na teoria ética seria chamado de "consequencialidade", ou seja, que leva em conta as consequências. Contrariamente ao que afirmam os maquiavélicos, para quem a inobservância das regras morais correntes é a condição para se ter sucesso, nossos dois autores sustentam que no longo prazo o sucesso chega ao soberano que respeita os princípios da moral universal. É como dizer: "Faças o bem, porque este é o teu dever; mas também porque, independentemente das tuas intenções, tua ação será premiada". Como se pode ver, trata-se de um argumento pedagógico muito comum, mas não de grande força persuasiva. Digo mesmo: é um argumento fraco, que jamais foi sufragado nem pela história nem pela experiência comum.

Como exemplo da segunda versão do monismo, quer dizer, da redução da moral à política, escolhi Hobbes. Naturalmente, também procederei aqui com todas as cautelas do caso, sobretudo depois que alguns críticos recentes puseram em destaque aquela que foi chamada de "clareza plena de confusão" do autor do *Leviatã* e fizeram que o leitor, envolvido e fascinado pela força lógica da argumentação hobbesiana, passasse a desconfiar de eventuais interpretações unilaterais. Creio porém que, por certos aspectos, é difícil encontrar outro autor em que o monismo normativo seja mais rigoroso e em que o sistema normativo, excludente de todos os outros, seja o sistema político, isto é, o sistema de normas que derivam da vontade do soberano legitimado pelo contrato social. Podem ser apresentados muitos argumentos: para Hobbes, por exemplo, os súditos não têm o direito de julgar o que é justo e injusto porque isso cabe apenas ao soberano, e quem sustenta que o súdito tem o direito de julgar o que é justo e injusto pratica uma teoria considerada sediciosa. Mas o argumento fundamental é que Hobbes é um dos poucos autores, talvez o único, em que não há distinção entre príncipe e tirano: e não há esta distinção porque não existe a possibilidade de distinguir o bom governo do mau governo. Por fim, desde que me referi ao contraste entre Igreja e Estado como determinante para que se compreenda o problema da razão de Estado nos séculos XVI e XVII, recordo que Hobbes reduz a Igreja ao Estado: as leis da Igreja são leis apenas enquanto são aceitas, desejadas e reforçadas pelo Estado. Hobbes, negando a distinção entre Igreja e Estado, e reduzindo a Igreja ao Estado, elimina a razão mesma do contraste.

Teoria da derrogação

Segundo as teorias do monismo flexível, o sistema normativo é um só, o moral, tenha ele seu fundamento na revelação ou na natureza. A partir dele, a razão humana pode, com suas próprias forças, obter leis universais da conduta. Mas essas leis, precisamente por sua generalidade, não podem ser aplicadas em todos os casos. Não há lei moral que não preveja exceções em circunstâncias particulares. A regra "Não matar" vale menos no caso da legítima defesa, quer dizer, no caso em que a violência é o único remédio possível, naquela particular circunstância, contra a violência, com base na máxima expressa ou tacitamente aceita pela maior parte dos sistemas normativos morais e jurídicos: *"Vim vi repellere licet"* "É lícito repelir a violência com a violência". A regra "Não mentir" vale menos, por exemplo, no caso em que o filiado a um movimento revolucionário é preso e se lhe pede para denunciar os próprios companheiros. Em todo sistema jurídico é máxima consolidada que *"lex specialis derogat generali"* "A lei especial derroga a lei mais geral". Esta máxima é igualmente válida em moral, e naquela moral codificada que está contida nos tratados de teologia moral para uso dos confessores.

Segundo a teoria que estou expondo, o que parece ser, à primeira vista, uma violação da ordem moral cometida pelo detentor do poder político, nada mais é que uma derrogação da lei moral levada a cabo numa circunstância excepcional. Em outras palavras, o que justifica a violação é a excepcionalidade da situação em que o soberano é forçado a operar. Já que estamos procurando distinguir os diversos motivos de justificação da conduta não moral do homem político, aqui o motivo pode ser encontrado não na pressuposição da existência de um diverso sistema normativo, mas no interior mesmo do único sistema normativo admitido, dentro do qual se considera válida a regra que prevê a derrogação em casos excepcionais. O que eventualmente caracteriza a conduta do soberano é a extraordinária frequência das situações excepcionais em que ele vem a se encontrar, em comparação com o homem comum: tal frequência se deve ao fato de que ele opera num contexto de relações, especialmente com outros soberanos, em que a exceção é elevada a regra, por mais que isso possa ser considerado contraditório (mas contraditório não é, pois aqui se trata de regra no sentido de regularidade, e não está dito que a regularidade de um comportamento contrário diminua a validade da regra dada). Ainda que possa parecer que a derrogação seja sempre vantajosa para o soberano (e é precisamente esta vantagem que é vista com hostilidade pelos moralistas), também pode ocorrer o caso contrário, mesmo que mais raramente: de fato, a derrogação pode agir extensivamente porque permite ao soberano aquilo que é moralmente proibido, mas pode agir também restritivamente porque proíbe a realização de ações que são permitidas ao homem comum: *noblesse oblige*.

Sobre a importância histórica deste motivo de justificação, não tenho necessidade de gastar muitas palavras. Os teóricos da razão de Estado, que floresceram no curso do século XVII, aos quais se deve a mais intensa e contínua reflexão sobre o tema das relações entre política e moral, eram frequentemente juristas, e para eles foi natural aplicar à solução do problema – que Maquiavel havia posto na ordem do dia, com uma solução claramente dualista, como veremos dentro em pouco – o princípio bem conhecido dos juristas da derrogação em circunstâncias excepcionais e em estado de necessidade. Desse modo, eles estavam em condições de salvaguardar o princípio do único código moral e, ao mesmo tempo, de oferecer aos soberanos um argumento para as ações que violassem aquele código único, que servia para cobrir aquele "rosto demoníaco do poder" que Maquiavel havia, com escândalo, descoberto. Jean Bodin, escritor cristão e jurista, inicia sua grande obra, *Da República*, com uma invectiva contra Maquiavel (uma invectiva que era ritual para um escritor cristão), mas nas passagens em que trata da diferença entre o bom príncipe e o tirano sustenta que "não se pode considerar tirânico o governo que precisa valer-se de meios violentos, como assassinatos, expulsões ou confiscos, ou outros atos de força e de arma, como ocorre necessariamente por ocasião da mudança ou do restabelecimento de um regime". Mudança e restabelecimento de regime são precisamente aquelas circunstâncias excepcionais, aquele estado de necessidade que justifica atos que em circunstâncias normais seriam considerados imorais.

A teoria da ética especial

Para ilustrar o segundo motivo de justificação da separação entre moral comum e conduta política, sirvo-me de outra categoria jurídica: a do *ius singulare*. Sou o primeiro a reconhecer que estas analogias entre teorias políticas e teorias jurídicas devem ser assumidas com prudência. Mas, por efeito da sua longa elaboração e da sua constante aplicação na casuística legal, elas oferecem estímulos para a reflexão e sugestões práticas em campos afins, como é o da casuística moral e política. Diferentemente da relação entre regra e exceção, que se refere à particularidade de uma situação, ao "estado de necessidade", a relação entre *ius commune* e *ius singulare* refere-se em primeiro lugar à particularidade dos sujeitos, ou seja, ao *status* de certos sujeitos que precisamente em razão deste seu *status* usufruem ou sofrem os efeitos de um regime normativo diverso do das pessoas comuns. Mesmo neste caso se pode falar de derrogação com respeito ao direito comum, mas o que distingue este tipo de derrogação daquela examinada no parágrafo precedente é a referência não mais a um tipo de situação, mas a um tipo de sujeito, pouco importando se a tipicidade do sujeito derive da condição social – pela qual o ordenamento jurídico a que está submetido o nobre é distinto daquele a que está submetido o burguês ou o camponês – ou da atividade desenvolvida, com base na qual, para dar um exemplo bem conhecido, foi-se formando ao longo dos séculos o direito dos mercadores a partir da "derrogação" do direito civil.

Aplicada ao discurso moral, a categoria do *ius singulare* serve admiravelmente, na minha opinião, como introdução ao capítulo das assim chamadas éticas profissionais. Entende-se por ética profissional o conjunto de regras de conduta a que se devem considerar submetidas as pessoas que praticam uma determinada atividade. Tais regras geralmente diferem do conjunto das normas da moral comum ou por excesso ou por defeito, vale dizer, ou porque impõem aos membros da corporação obrigações mais rígidas ou porque os isentam de obrigações impraticáveis, como a de dizer a verdade no caso do médico diante do paciente atingido por uma doença incurável. Nada impede que se chamem as éticas profissionais de morais singulares, no mesmo sentido em que se fala na teoria jurídica de direitos singulares, tanto mais que os próprios usuários adoram atribuir a elas um nome específico e particularmente chamativo por sua solenidade: deontologia.

Aqueles que desenvolvem uma atividade política constituem algo que possa ser assimilado a uma profissão ou a uma corporação? Deve ficar bem claro que aqui não se trata de tomar posição diante do problema atual do "profissionalismo político". Trata-se de saber se a atividade política é uma atividade com características tão específicas que exige um regime normativo particular que tenha a mesma razão de ser de qualquer outra ética profissional, a razão de permitir o desenvolvimento daquela determinada atividade e o alcance do fim que lhe é próprio: o fim do político é o bem comum, como o do médico é a saúde e o do sacerdote, a salvação das almas. A questão posta nestes termos não tem nada de extravagante: a reflexão sobre a natureza da atividade política teve início na Grécia antiga, desde quando esta atividade passou a ser considerada como uma técnica, uma forma do fazer construtivo (o *poiéin*), e a partir da comparação desta arte com outras formas de arte, nas quais se exige uma competência específica. O diálogo platônico *O político*, cujo objetivo é explicar em que consiste a ciência régia, ou seja, o saber próprio daquele que deve governar, é uma douta comparação entre a arte do governo e a do tecelão. De resto, a semelhança entre a arte do governo e a arte do barqueiro, tão frequente que se tornou ritual, legou-nos a palavra "governo" e seus derivados, da qual nos servimos habitualmente sem que recordemos o significado primitivo, a não ser quando o vemos despontar em situações e ambientes históricos bem diversos, como ocorreu quando ficamos sabendo que Mao costumava ser chamado de o "Grande Timoneiro".

Ao longo da história do secular debate sobre a razão de Estado, ao lado da justificação da "imoralidade" da política com o argumento do estado de necessidade, desenvolveu-se também a justificação a partir da natureza da arte política, que imporia, a quem a pratica, ações moralmente reprováveis mas requeridas pela natureza e pelo fim da própria atividade. Se há uma ética política distinta da ética ética, isso depende, segundo esta argumentação, do fato de que o político, como o médico, o comerciante e o padre, não poderia exercer sua atividade sem obedecer a um código que lhe é próprio e que, como tal, não precisa coincidir nem com o código da moral comum nem com o código das outras atividades. A ética política se torna assim a ética do político e, como ética do político e portanto ética especial, pode ter seus justificados motivos para aprovar uma conduta que o vulgo poderia ver como imoral mas que o filósofo vê simplesmente como o necessário conformar-se do indivíduo-membro à ética do grupo. Releia-se o trecho de Croce já citado e se verá como a consideração da arte política como uma atividade entre outras atividades não perdeu nada da sua perene vitalidade. Condenando a comum e, a seu juízo, errada exigência feita pelos "imbecis" – qual seja, a de que o político seja honesto, Croce profere a seguinte sentença:

> Ao passo que, quando se trata de encontrar uma forma de cura ou submeter-se a uma operação cirúrgica, ninguém pede a presença de um homem honesto ... mas todos pedem, procuram e desejam médicos e cirurgiões, que sejam honestos ou desonestos mas tenham habilidade comprovada em medicina ou em cirurgia ... nas coisas da política todos pedem, em vez disso, não homens políticos [ou seja, homens que saibam executar sua valorosa atividade de políticos, acrescento eu], mas homens honestos, fornidos ao máximo de atitudes de outra natureza.

E continua:

> Porque é evidente que os pecados que possa eventualmente ter um homem dotado de capacidade e gênio político podem torná-lo impróprio se forem pensados em outras esferas de atividade, mas não na política.[4]

Gostaria de chamar a atenção para este "impróprio", que faz pensar, por contraste, numa "propriedade" da política, que não é evidentemente a da moral.

A teoria da superioridade da política

Saio agora das concepções de monismo atenuado ou corrigido – "a moralidade é uma só, mas sua validade declina em situações excepcionais ou em esferas de atividade especiais" – e passo a uma concepção de dualismo declarado mas aparente. Peço um pouco de tolerância para com esta insistente referência a categorias jurídicas, mas também neste caso me vem em auxílio

---

4 B. Croce, op. cit., p.166.

um bem conhecido princípio jurisprudencial, segundo o qual quando duas normas são postas uma sobre a outra, ou seja, em ordem hierárquica, se são antinômicas, prevalece a que é superior.

Com respeito ao problema das relações entre moral e política, uma das soluções possíveis é a que concebe moral e política como dois sistemas normativos distintos mas não totalmente independentes um do outro, ainda que postos um sobre o outro em ordem hierárquica. Naturalmente, uma solução deste gênero pode ter duas versões: dos dois sistemas normativos, o moral é superior ao político, ou o político é superior ao moral. Da primeira versão, pode-se encontrar um exemplo característico na filosofia prática de Croce e, da segunda, na filosofia prática de Hegel. No sistema de Croce, economia e ética são dois sistemas distintos, mas não são nem opostos nem estão colocados no mesmo plano: a segunda é superior à primeira, na medida em que pertence ao momento do Espírito, que *supera* o momento inferior. A política pertence à esfera da economia e não à da ética. Não está dito que "superar" signifique ser superior também em sentido axiológico, mas, de fato, toda vez que Croce se põe o problema maquiavélico da relação entre ética e política, ele parece admitir que a diferença entre os dois momentos é uma diferença axiologicamente hierárquica, ainda que nem sempre fiquem claras as consequências disso. Uma ação política contrária à moral deve ser condenada? O que significa dizer que ela é lícita em sua esfera particular, se depois se admite que existe uma esfera normativamente superior? São perguntas bem difíceis de responder. Croce voltou ao tema infinitas vezes. Refiro-me aqui a uma passagem que se encontra no volume intitulado, precisamente, *Ética e política*, no qual ele insiste num ponto: o âmbito da política é no qual o da utilidade, dos negócios, das negociatas, das lutas, e, nestas contínuas guerras, indivíduos, povos e Estados se mantêm vigilantes contra indivíduos, povos e Estados, com a intenção de manter e promover a própria existência, respeitando a existência alheia apenas enquanto favoreça a sua própria.

Depois, dando sequência ao próprio raciocínio, adverte que é preciso precaver-se do erro comum de separar as formas de vida uma da outra. Conclama a que se rejeitem as moralizações estúpidas e a que se considere *a priori* como falso qualquer dissídio que se acredite existir entre a política e a moral, porque a vida política ou prepara a vida moral ou é ela mesma instrumento de forma de vida moral. Em suma, na dialética croceana – que não é a dialética dos opostos mas dos distintos, dos quais um é superior ao outro –, moral e política são interpretadas como dois distintos e, como se pode ver na última parte do trecho citado, a política está sob e a moral está sobre.

Hegel, ao contrário, ainda que admitindo a existência dos dois sistemas, considera hierarquicamente superior o sistema político, e nesta superioridade do sistema político encontra um ótimo argumento de justificação da conduta imoral do homem político, se e enquanto ela esteja conforme a uma norma superior, da qual se deve considerar revogada, e portanto inválida, uma norma que seja com ela incompatível e pertença ao sistema normativo inferior. Para lembrar os conhecidos exemplos escolares, se no sistema normativo de um grupo de *latrones*, de piratas ou de "saqueadores", ou, por que não?, de ciganos, para não falar de máfia, *camorra, et similia,* que integram nossa experiência cotidiana, existe uma norma que considera lícito o furto (das coisas não pertencentes a membros do grupo), é evidente que a norma que proíbe o furto existente no sistema normativo considerado inferior – seja ele o do Estado, da Igreja ou da moral dos não pertencentes ao grupo –, deve ser considerada implicitamente revogada, enquanto incompatível com uma norma do sistema normativo tido como superior. No fundo, os Estados poderiam ser, também eles, segundo a famosa sentença de Santo Agostinho, *"magna latrocinia"*.

Com maior razão, quem não considerou o Estado como um *magnum latrocinium,* mas como o "racional em si e para si", como o momento último da eticidade entendida por sua vez como o momento último do Espírito objetivo (da filosofia prática no sentido tradicional da palavra), teria de colocar os imperativos últimos do Estado acima dos imperativos da moral individual. O sistema de Hegel é um grande exemplo, admiravelmente iluminador, até por sua singularidade, da total inversão da relação entre moral e política, que encontrara uma de suas máximas expressões no pensamento de Kant. De fato, ele serve magnificamente para ilustrar uma forma de justificação da imoralidade da política diversa de todas as que foram examinadas até aqui: a moral, no sentido tradicional da palavra, não é eliminada do sistema por Hegel, mas é considerada um momento inferior no desenvolvimento do Espírito objetivo, que encontra sua realização na moral coletiva ou eticidade (da qual o Estado é o portador).

Hegel era um admirador de Maquiavel, a quem havia louvado já na obra juvenil sobre a Constituição da Alemanha. Em política, era um realista que sabia o lugar a ser dado às conversas fúteis dos pregadores quando entravam em cena os hussardos com suas lanças cintilantes. Será que a majestade do Estado, "daquela arquitetura do *ethos* em si que é o Estado", deve ajoelhar-se diante daqueles que a ela contrapõem a "papa do coração, da amizade e da inspiração"?

No parágrafo 337 dos *Princípios de filosofia do direito*, ele resume breve mas categoricamente a sua doutrina. O parágrafo começa assim: "Tempos atrás, discutiu-se muito a respeito da antítese de moral e política e da exigência de que a segunda se conforme à primeira". Mas esta foi uma discussão, observa Hegel, que teve o seu tempo e se tornou anacrônica, ao menos desde quando se começou a compreender que o bem do Estado tem uma "justificação" completamente diversa do bem do indivíduo: o Estado tem uma razão de ser "concreta" e somente esta sua existência concreta pode valer como princípio da sua ação, e não um imperativo moral abstrato que prescinda completamente das exigências e dos vínculos impostos pelo movimento histórico, do qual o Estado, e não o indivíduo singular e menos ainda a soma dos indivíduos singulares, é o protagonista. Daqui deriva, entre outras coisas, a conhecida tese de que apenas a História universal, e não uma a-histórica moral posta (por quem?) acima dela, pode julgar o bem e o mal dos Estados, dos quais depende a sorte do mundo, bem mais que da conduta, por mais moral que seja, deste ou daquele indivíduo singular. Desse ponto de vista, parece-me justo dizer que para Hegel a moral individual é inferior à moral do Estado no que diz respeito a sua validade e deve ceder a ela sempre que a missão histórica do Estado o exigir.

O fim justifica os meios

Uma solução dualística não mais apenas aparente, mas real, é a que passou à história com o nome de "maquiavélica", porque de um modo ou de outro, com ou sem razão, sempre esteve associada ao autor de *O príncipe*. Aqui, o dualismo está baseado na distinção entre dois tipos de ação, as ações finais, que têm um valor intrínseco, e as ações instrumentais, que somente têm valor enquanto servem para que se alcance um fim considerado como tendo valor intrínseco. Ao passo que as ações finais, chamadas boas em si, como é o caso da assistência ao que sofre e em geral de todas as tradicionais "obras de misericórdia", são julgadas em si mesmas – como ações "desinteressadas", realizadas precisamente sem qualquer outro interesse senão o de realizar uma boa ação –, as ações instrumentais, ou boas não por si mesmas, são julgadas com base em sua maior ou menor idoneidade para o alcance de um fim.

Não há teoria moral que não reconheça esta distinção. Para dar um exemplo conhecido, a ela corresponde a distinção weberiana entre ações racionais referidas ao valor (*wert-rational*) e ações racionais referidas ao fim (*zweck-rational*). Por isso, não há teoria moral que não se dê conta de que a mesma ação pode ser julgada de dois modos diversos segundo o contexto em que se desenrola e a intenção com que é realizada. O ato de socorrer o pobre, uma ação habitualmente apresentada como exemplo de boa ação em si, torna-se uma ação boa não por si mesma se é realizada com o fim de obter um prêmio de virtude: se quem a realiza não obtém o prêmio, poder-se-á também dizer que a ação foi racional com respeito ao valor mas certamente não com respeito ao fim.

O que constitui o núcleo fundamental do maquiavelismo não é tanto o reconhecimento da distinção entre ações boas em si e ações boas não por si mesmas, quanto a distinção entre moral e política com base nesta distinção, quer dizer, a afirmação de que a esfera da política é a esfera de ações instrumentais que, como tais, devem ser julgadas não em si mesmas mas com base na sua maior ou menor idoneidade para o alcance do fim. Isso explica porque se falou, a propósito da solução maquiavélica, de amoralidade da política, que corresponderia, ainda que a expressão não tenha entrado em uso (por não ser necessária), à "apoliticidade da moral": amoralidade da política no sentido de que a política, em seu todo, como conjunto de atividades reguladas por normas e avaliáveis com um certo critério de juízo, nada tem a ver com a moral como um todo, como conjunto de ações reguladas por normas distintas e avaliáveis com um distinto critério de juízo. Neste ponto, fica bem evidente a diferença entre uma solução como esta que estamos expondo, fundada na ideia da separação e da independência entre moral e política, e que como tal pode ser chamada de dualística sem atenuação, e as soluções precedentemente examinadas, nas quais falta ou a separação, já que a política é englobada no sistema normativo moral ainda que com um estatuto especial, ou a independência, já que moral e política são diferenciadas mas permanecem em relação de recíproca dependência. A solução maquiavélica da amoralidade da política é apresentada como aquela em que o princípio fundamental é: "O fim justifica os meios". Por contraste, seria possível definir a esfera não política (aquela que, para nos entendermos, se governa com os *pater noster*) como a esfera em que não é correto o recurso à distinção entre meios e fins, porque toda ação deve ser considerada em si mesma pelo valor ou desvalor a ela intrínseco, independentemente do fim. Numa moral rigorística como a kantiana, em geral numa moral do dever, a consideração de um fim externo à ação não só é imprópria mas também é impossível, porque a ação, para ser moral, não deve ter outro fim que o cumprimento do dever, que é precisamente o fim intrínseco à própria ação.

Mesmo que a máxima "O fim justifica os meios" não se encontre literalmente em Maquiavel, normalmente se considera como equivalente a passagem do capítulo XVIII de *O príncipe* em que, pondo-se o problema de saber se o príncipe está obrigado a respeitar os pactos (o princípio *"pacta sunt servanda"* – "os pactos devem ser respeitados" – é um princípio moral universal qualquer que seja seu fundamento, religioso, racional, utilitarista, etc.), Maquiavel responde que os príncipes que fizeram "grandes coisas" deram pouca importância a eles. Fica claro a partir dessa passagem que aquilo que conta na conduta do estadista é o fim, a "grande coisa", e o alcance do fim faz que se tornem lícitas certas ações (como a não observância dos pactos conveniados) condenadas por aquele outro código, o código moral, a que estão obrigados os comuns mortais. O que não fica igualmente claro é em que consistem as grandes coisas. Uma primeira resposta, porém, já se encontra ao final do mesmo capítulo, no qual, se diz que importante para o príncipe é "vencer e manter o Estado".

Uma segunda resposta, ainda mais clara e mais compreensiva, é a que se encontra numa passagem dos *Discursos: Comentários sobre a primeira década de Tito Lívio*, em que se celebra abertamente a teoria da separação: "Quando é necessário deliberar sobre a saúde da pátria, não se deve deixar de agir por considerações de justiça ou injustiça, humanidade ou crueldade, glória ou ignomínia. Deve-se seguir o caminho que leva à salvação do Estado e à manutenção da sua liberdade, rejeitando-se tudo mais" (III, 41). Nada de novo sob o sol: neste trecho, Maquiavel nada mais faz que ilustrar com palavras particularmente eficazes a máxima *"Salus rei publicae suprema lex"* "A salvação do Estado é a lei suprema". A ilustração é feita contrapondo, ao único princípio que deve guiar o julgamento político, ao princípio da "salvação da pátria", outros possíveis critérios de julgamento da ação humana, fundados respectivamente na distinção entre o justo e o injusto, entre o humanitário e o cruel, entre o glorioso e o ignominioso, que fazem referência, ainda que de diversos pontos de vista, a critérios de julgamento pertencentes à moral comum.

As duas éticas

De todas as teorias sobre a relação entre moral e política, a que conduziu às extremas consequências a tese da separação, e que pode portanto ser considerada a mais consequentemente dualística, admite a existência de duas morais fundadas em dois distintos critérios de julgamento das ações, que levam a avaliações não necessariamente coincidentes da mesma razão, e são por isso, entre si, incompatíveis e não complementares. Um exemplo já clássico da teoria das duas morais é a teoria weberiana da distinção entre ética da convicção e ética da responsabilidade. O que distingue estas duas morais é exatamente o diverso critério que elas assumem para avaliar uma ação como boa ou má. A primeira se serve de algo que está antes da ação, um princípio, uma norma, geralmente uma proposição prescritiva qualquer, cuja função é a de influir de maneira mais ou menos determinante sobre a realização de uma dada ação, permitindo-nos ao mesmo tempo julgar positiva ou negativamente uma ação real com base na observação da sua conformidade ou da sua não conformidade à ação abstrata contemplada na norma. A segunda, em vez disso, para dar um juízo positivo ou negativo de uma ação, se serve de algo que vem depois, isto é, do resultado, e dá um juízo positivo ou negativo da ação com base no alcance ou não do resultado proposto. Popularmente, estas duas éticas podem ser chamadas de ética dos princípios e ética dos resultados. Na história da filosofia moral, a elas correspondem, de um lado, as morais deontológicas, como a kantiana, e, de outro, as morais teleológicas, como a utilitarista, hoje prevalecente.

As duas éticas não coincidem: não está dito que aquilo que é bom com respeito aos princípios seja bom com respeito aos resultados. E vice-versa. Com base no princípio "não matar", a pena de morte deve ser condenada. Mas, com base no resultado, após uma eventual e provada constatação de que a pena de morte tem um grande poder de intimidação, poderia ser justificada (e, de fato, os que defendem a sua abolição esforçam-se para demonstrar, com dados estatísticos na mão, que ela não tem este poder assim intimidador).

Esta distinção corre ao longo de toda a história da filosofia moral, independentemente da conexão que ela possa ter com a distinção entre moral e política. Torna-se relevante com respeito a esta distinção quando se sustente que a ética do político é exclusivamente a ética da responsabilidade (ou dos resultados), que a ação do político deve ser julgada com base no sucesso ou no insucesso, que avaliá-la com o critério da fidelidade aos princípios é dar prova de moralismo abstrato e, portanto, de pouca consideração para com os negócios deste mundo. Quem age segundo princípios não se preocupa com o resultado das próprias ações: faz aquilo que deve, e que aconteça o que for possível. Quem se preocupa exclusivamente com o resultado, não procede com muita sutileza no que diz respeito à conformidade com os princípios: faz aquilo que é necessário para que aconteça aquilo que deseja. O juiz que pergunta ao terrorista "arrependido" se os terroristas haviam se posto o problema do "não matar" representa a ética dos princípios. O terrorista que responde que o grupo se havia posto apenas o problema de ter ou não ter êxito representa a ética do resultado. Se se arrepende, não é porque sinta remorso por ter violado a lei moral, mas porque considera que, ao fim e ao cabo, a ação empreendida fracassou com respeito aos objetivos propostos. Nesse sentido, não pode se proclamar propriamente um arrependido, mas alguém que se convenceu de ter errado. Reconheceu mais o erro que a culpa.

Pode-se não alcançar o objetivo, mas pode-se também alcançar um objetivo diverso do que havia sido proposto. O terrorista que atentou contra o arquiduque Ferdinando disse, durante o interrogatório do processo: "Eu não previa que depois do atentado viria a guerra. Acreditava que o atentado agiria sobre a juventude, incitando-a em direção às ideias nacionalistas". Um de seus cúmplices, que errou o golpe, disse:

"Este atentado teve consequências que não se podiam prever. Se eu pudesse ter imaginado o que derivaria dele, teria eu mesmo me sentado sobre aquela bomba para me deixar despedaçar".

É supérfluo insistir sobre a ilustração desta conhecida distinção, mesmo que se deva observar que a resolução de toda a política na ética da responsabilidade é uma indébita extensão do pensamento de Weber, que, em termos de ética (e não de metaética), ou seja, de convicção pessoal (e não de teoria abstrata), nunca esteve disposto a realizar esta redução. Na ação do grande político, segundo Weber, ética da convicção e ética da responsabilidade não podem caminhar separadas uma da outra. A primeira, tomada em si, conduzida às últimas consequências, é própria do fanático, figura moralmente repugnante. A segunda, totalmente afastada da consideração dos princípios de que nascem as grandes ações, e voltada apenas para o sucesso (recorde-se o maquiavélico "cuide o príncipe de vencer"), caracteriza a figura não menos reprovável do cínico.

Existe uma relação entre as várias teorias?

Como forma de concluir esta resenha das "justificações", o que me parece ainda interessante observar, precisamente a propósito desta última, que parece ser a mais drástica, desde que seja aceita a distinção entre moral como ética da convicção e política como ética da responsabilidade, é que todas as cinco justificações se remetem umas às outras, a ponto de poderem ser consideradas como variações do mesmo tema, como de resto talvez já tenha ficado claro ao leitor. Isso, naturalmente, não exclui a possibilidade e não elimina a utilidade da distinção entre elas do ponto de vista analítico, que é o que adoto aqui. Numa cadeia descendente, isto é, percorrendo o caminho de trás para a frente, a última variação, ou seja, a ética da responsabilidade, liga-se à precedente, a doutrina maquiavélica, segundo a qual, no julgamento político, conta a idoneidade do meio empregado para o alcance do fim independentemente da consideração dos princípios. Esta, por sua vez, considerada a "saúde da pátria" como fim último da ação política, de que depende o juízo sobre a bondade ou não das ações singulares com base na sua maior ou menor conformidade ao fim último, pede imediatamente a solução que a precede, a de Hegel, que, não por acaso, como já se disse, era um admirador de Maquiavel. Segundo Hegel, o Estado (a "pátria" dos *Discursos* e a *res publicae* da sentença tomada da moral política tradicional) tem uma razão de ser "concreta", que é a "razão de Estado" dos escritores políticos que observam e comentam o nascimento e o crescimento do Estado moderno, e esta razão concreta vale como princípio exclusivo da ação do soberano e, portanto, do juízo positivo ou negativo que se pode dela fazer. Observando-se bem, também a justificação fundada na especificidade da ética profissional, a nossa segunda variação, deriva de uma clara prevalência do fim como critério de avaliação: o que caracteriza de fato a profissão singular é o fim comum a todos os membros do grupo, a saúde do corpo para o médico ou a saúde da alma para o sacerdote. Entre estes fins profissionais específicos, é perfeitamente legítimo incluir uma terceira forma de saúde, não menos importante que as outras duas, a *salus rei publicae*, como fim próprio do homem político. Enfim, também a primeira variação, aquela fundada na derrogação em caso de necessidade, que é em minha opinião a mais comum, justamente porque, tudo somado, é a menos escandalosa ou a mais aceitável por quem se põe do ponto de vista da moral comum, pode ser interpretada como um desvio do caminho correto, já que o prosseguimento neste caminho correto naquela particular circunstância conduziria a uma meta diversa da que havia sido proposta ou até mesmo a nenhuma meta.

Valeria a pena submeter à prova todos estes motivos de justificação (e eventualmente outros) diante de um caso histórico concreto, a um daqueles casos-limite, bem representados pela figura tradicional do tirano, na qual é mais evidente a separação entre a conduta que a moral prescreve ao homem comum e a conduta do senhor da política. Um destes casos exemplares é o reino de Ivã, o Terrível, que suscitou um longo, intenso e apaixonado debate na historiografia russa e soviética.

Assumo este caso, mas poderiam ser assumidos outros, não apenas porque é de fato um caso-limite, mas sobretudo porque dele se pode ler uma douta e ampla síntese no livro de um historiador muito sensível ao problema que estamos examinando.[5] Em defesa daquele que foi considerado o fundador do Estado russo, todos os motivos de justificação até aqui examinados são mobilizados, de forma mais ou menos explícita. Sobretudo o primeiro, o estado de necessidade, e o último, o resultado obtido. Mas todas estas *justae causae* são mantidas juntas pela consideração da grandiosidade do fim, que são exatamente as "grandes coisas" de que falava Maquiavel. Um dos historiadores aqui considerados, I. I. Smirnov, fala da "necessidade objetiva do extermínio físico dos principais representantes das famílias hostis aristocráticas e boiardas".[6] Precisamente assim: a necessidade não tem lei. É um velho ditado o que afirma que não se pode obrigar uma pessoa a realizar uma ação impossível. Com

---

5   A. Yanov, *Le origini dell'autocrazia russa*. Il ruolo di Ivan il terribile nella storia russa. Trad. do inglês de Bruno Osimo, Milano: Edizione di Comunità, 1984.

6   Ibidem, p.312.

a mesma lógica seria possível dizer que não se pode proibir a mesma pessoa de fazer aquilo que é necessário. Assim como o estado de impossibilidade é incompatível com a observância de ordens e comandos, o estado de necessidade é incompatível com a observância de proibições. A consideração do estado de necessidade está estreitamente vinculada à consideração do resultado: o que torna "objetivamente necessária" uma ação é a sua consideração como a única possível condição para o alcance do fim desejado e julgado bom. E, de fato, o mesmo Smirnov conclui com segurança que, não obstante a "forma cruel" que assumiu a luta pela centralização, este era o preço que se devia pagar para o progresso e para a libertação diante das "forças da reação e da estagnação".[7] Fala-se de Ivã, mas a mente chega rapidamente a Stalin. E Yanov de fato comenta:

> Usando a mesma analogia, um historiador que sustentasse que a Rússia soviética dos anos 30 estava efetivamente saturada de traição, que todo o pessoal dirigente do país estava conspirando contra o Estado, que a servidão dos camponeses durante a coletivização e a afeição dos operários e dos empregados ao trabalho eram "historicamente necessários" à sobrevivência do Estado, seria forçado a "justificar moralmente" o terror total e o Gulag.[8]

Uma última consideração: todas essas justificações têm em comum a atribuição das regras da conduta política à categoria das normas hipotéticas, seja na forma das normas condicionadas, do tipo "se é A, então deve ser B", como no caso da justificação baseada na relação entre regra e exceção, seja na forma das normas técnicas ou pragmáticas, do tipo "se se quer A, então deve existir B", onde A pode ser um fim somente possível ou também necessário, como em todos os outros casos.

---

7 Ibidem, p.371.
8 Ibidem, p.312.

Esta exclusão dos imperativos categóricos da esfera da política corresponde, de resto, à opinião comum segundo a qual a conduta dos estadistas é guiada por regras de prudência, entendidas como aquelas das quais não deriva uma obrigação incondicional que prescinda de toda consideração da situação e do fim, mas apenas uma obrigação a ser observada sempre que se verificar aquela determinada condição ou estiver em jogo o alcance de um determinado fim. Para esclarecer este traço essencial das teorias morais da política, nada serve melhor do que este pensamento de Kant, a quem se deve a primeira e mais completa elaboração da distinção entre imperativos categóricos e imperativos hipotéticos: "A política diz 'Sejam prudentes, como serpentes'; a moral acrescenta (como condição limitativa) 'e sem malícia, como as pombas'".

Observações críticas

Deve ficar bem claro que todas estas justificações (valham o que valham, ainda que seja evidente que devem valer alguma coisa, já que pesam tanto na filosofia política da Idade Moderna) não tendem a eliminar a questão moral em política, mas apenas, partindo precisamente da importância da questão, estabelecer com maior precisão seus termos e delimitar seus limites. Disse que se justifica o desvio, não a regra. Mas exatamente o desvio é que precisa ser justificado, pois a regra, em todos os casos em que o desvio não é justificável, continua a valer. Não obstante todas as justificações da conduta política que se desvia das regras da moral comum, o tirano permanece tirano, e pode ser definido como aquele cuja conduta não consegue ser justificada por nenhuma das teorias que reconhecem certa autonomia normativa da política com respeito à moral. Ainda que Maquiavel afirme que quando se trata da saúde da pátria não deve haver qualquer consideração a respeito de "humanidade e crueldade", ele condena Agátocles como tirano porque suas crueldades eram "mal-empregadas". Bodin, acima recordado como um teórico do Estado de exceção, ilustra em algumas páginas famosas a diferença entre rei e tirano.

Retomando resumidamente as diversas teorias:

1. Também vale para a teoria do estado de necessidade a ideia de que a exceção confirma a regra precisamente como exceção. Porque, se sempre valesse o critério da exceção, não haveria mais exceção e não haveria mais regra. Se o desvio deve ser consentido somente se é justificado, isso quer dizer que se dá como pressuposto que existem desvios não justificáveis e, portanto, inadmissíveis.

2. A ética política é a ética de quem exerce atividade política, mas a atividade política na concepção de quem argumenta partindo da consideração da ética profissional não é o poder em si, mas o poder como condição para o alcance de um fim que é o bem comum, o interesse coletivo ou geral. Não é o governo, mas o bom governo. Um dos critérios tradicionais e continuamente renovados para distinguir o bom governo do mau governo é precisamente a valorização da obtenção ou não deste fim específico: bom governo é aquele de quem persegue o bem comum, mau governo é o de quem persegue o próprio bem.

3. A política é superior à moral? Não porém qualquer política, mas apenas aquela de quem realiza, numa determinada época histórica, o fim supremo da atuação do Espírito objetivo, a política do herói ou do indivíduo da História universal.

4. O fim justifica os meios. Mas quem justifica o fim? Será que o fim também não deve ser justificado? Todo fim proposto pelo estadista é um fim bom? Não deve haver um critério ulterior que permita distinguir fins bons de fins ruins? E não se deve perguntar se os meios ruins não acabam também por corromper os fins bons?

5.   A ética política é a ética dos resultados e não dos princípios. Mas de todos os resultados? Se se deseja distinguir resultado por resultado, não será preciso ainda uma vez voltar aos princípios? Pode-se reduzir o bom resultado ao sucesso imediato? Os vencidos estão sempre errados pelo único fato de serem vencidos? Mas o vencido de hoje não pode ser o vencedor de amanhã? *"Victrix causa deis placuit, sed victa Catoni"* "A causa vencedora agradou aos deuses, mas a vencida, a Catão". Catão não pertence à História? E assim por diante.

O problema da legitimação do fim

Todas estas questões não constituem uma resposta, mas nos ajudam a entender em qual direção se deve buscar a resposta. Essa direção não é a da idoneidade dos meios, mas a da legitimidade do fim. Um problema não exclui o outro, mas se trata de dois problemas diversos e é conveniente mantê-los bem separados. O problema da idoneidade dos meios aparece quando se deseja dar um juízo sobre a eficiência do governo, que é um juízo claramente técnico e não moral: um governo eficiente não é por si mesmo um bom governo. Esse juízo ulterior não se contenta com o alcance do fim, mas cabe a pergunta: qual fim? Reconhecido como fim da ação política a salvação da pátria – o interesse geral ou o bem comum (contrapostos à saúde do governante, aos interesses particulares, ao próprio bem) –, o juízo não mais sobre a idoneidade dos meios mas sobre a bondade do fim se torna um verdadeiro juízo moral, ainda que – pelas razões adotadas por todas as teorias justificacionistas – este juízo pertença a uma moral diversa ou parcialmente diversa da moral comum, com base na qual são julgadas as ações dos indivíduos singulares. Isso significa que, mesmo que se levem em conta as razões específicas da ação política derivada da assim chamada "razão de Estado", que evoca episódios sinistros para um uso nem sempre bom, ainda que por si mesma indique unicamente os caracteres distintivos da ética política, a ação política não se subtrai de modo algum ao juízo a respeito do que é lícito e ilícito, assim como ocorre com todas as demais ações livres ou presumivelmente livres do homem. O juízo a respeito do que é lícito e ilícito, aliás, consiste no juízo moral, que não se pode confundir com o juízo a respeito do que é idôneo ou inidôneo.

Pode-se também apresentar esse mesmo problema em outros termos. Admita-se que a ação política diga de algum modo respeito à conquista, à conservação e à ampliação do poder, do máximo poder do homem sobre o homem, do único poder ao qual se reconhece, ainda que em última instância, o direito de recorrer à força (e é isso que distingue o poder de Alexandre do poder do pirata, que não tem este direito). Nenhuma das teorias justificacionistas aqui ilustradas, porém, considera a conquista, a conservação e a ampliação do poder como bens em si mesmos. Nenhuma considera que o objetivo da ação política "imoral" (imoral com respeito à moral dos *pater noster*) seja justificável apenas se tem por fim as "grandes coisas", ou a "saúde da pátria". Perseguir o poder pelo poder significaria transformar um meio – que como tal deve ser julgado em proporção ao fim – num fim em si mesmo. Também para quem considera a ação política como uma ação instrumental, ela não é instrumento para qualquer fim que ao homem político agrade perseguir. Mas, uma vez posta a distinção entre um fim bom e um fim ruim, distinção esta da qual não escapou nenhuma das teorias da relação entre moral e política, é inevitável que se distinga a ação política boa da ação política ruim, o que significa submetê-la a um juízo moral. Vale aqui um exemplo. O debate sobre a questão moral frequentemente diz respeito (e na Itália isso ocorre de modo predominante) ao tema da corrupção, em todas as suas formas, previstas de resto pelo código penal sob a rubrica de crimes tais como o interesse privado em atos públicos, peculato, concussão etc., e especificamente, com referência quase exclusiva aos homens de partido, ao tema do suborno. Basta uma breve reflexão para que se possa dar conta de que aquilo que torna moralmente ilícita toda forma de corrupção política (omitindo-se o ilícito jurídico) é a bem fundada presunção de que o homem político que se deixa corromper é aquele que antepõe o interesse individual ao interesse coletivo, o próprio bem ao bem comum, a saúde da própria pessoa e da própria família à saúde da pátria. E ao assim proceder respeita menos ao dever de quem se dedica ao exercício da atividade política e acaba por desenvolver uma ação politicamente incorreta.

O discurso terminaria aqui se, num Estado de direito (como é o da República Italiana, de cujas condições de saúde nasceram estas minhas reflexões), além do juízo sobre a eficiência e do juízo moral ou de moral política, como procurei explicar até aqui, não se aplicasse à ação política também um juízo mais propriamente jurídico, quer dizer, mais ou menos conforme às normas fundamentais da Constituição, às quais está submetida até mesmo a ação política dos órgãos superiores do Estado. Entre as várias acepções de Estado de direito, refiro-me aqui àquela que o define como o governo das leis contraposto ao governo dos homens, e entende o governo das leis no sentido do moderno constitucionalismo.

O juízo sobre a maior ou menor conformidade dos órgãos do Estado, ou daquela parte integrante do poder soberano que são os partidos políticos, às normas da Constituição e aos princípios do Estado de direito, pode dar lugar ao juízo, que ressoa com bastante frequência no atual debate político, a respeito de imprecisão constitucional e prática antidemocrática. Para dar alguns exemplos típicos da situação italiana, isso ocorre nos casos de abuso dos decretos-leis, de apelo ao voto de confiança unicamente para quebrar a oposição e, no que diz respeito aos partidos, na prática de clientela e favorecimento, que viola um dos princípios fundamentais do Estado de direito, a visibilidade do poder e a possibilidade de controlar seu exercício.

Ainda que muitas vezes a polêmica política não distinga os vários juízos, e os ponha todos sob a etiqueta da "questão moral", os três juízos – o da eficiência, o da legitimidade e o mais propriamente moral (que também poderia ser chamado de juízo sobre o mérito), sobre o qual me detive – devem ser distinguidos por razões de clareza analítica e de atribuição de responsabilidades.

2
Razão de Estado e democracia

A relação entre moral e política é um dos muitos aspectos da questão moral, hoje mais viva do que nunca. Entre as questões morais, a das relações entre moral e política é uma das mais tradicionais, ao lado da que se refere à relação entre moral e vida privada, com um destaque particular para o campo da vida sexual, ou à relação entre moral e direito, entre moral e arte. Além do mais, hoje também entraram na cena do debate filosófico os problemas das relações entre moral e ciência (seja da ciência física ou da ciência biológica), entre moral e desenvolvimento técnico, entre moral e economia (ou, como se diz, entre moral e mundo dos negócios).

O problema de fundo é sempre o mesmo. Nasce da constatação de que se pode manifestar um contraste entre as ações humanas em todos estes campos e algumas regras fundamentais e gerais da conduta humana, habitualmente chamadas de regras morais, e como tais impostas como obrigatórias, sem as quais a convivência seria não apenas impossível mas altamente infeliz. Provisoriamente, podemos nos contentar em dizer que a finalidade de muitas regras morais é tornar possível uma boa convivência, donde por "boa" se entende uma convivência em que estejam diminuídos os sofrimentos que os homens podem infligir a si mesmos com sua conduta, uns contra os outros (sofrimentos que são inelimináveis, ao contrário, no mundo animal, onde domina impiedosa a luta pela sobrevivência), e possam ser protegidos alguns bens fundamentais como a liberdade, a justiça, a paz e um mínimo de bem-estar.

O modo mais simples, mas também menos convincente, de resolver o problema é sustentando a autonomia das várias esferas de ação com respeito à esfera regulada pelas prescrições morais.

Autonomia da arte: a arte tem seu próprio critério de juízo, que é o belo e o feio, diverso do critério do bom e do mau próprio da moral. O critério com base no qual deve ser julgada a ciência é o verdadeiro e o falso, que também é bem diverso do critério do bem e do mal. No mesmo sentido se fala, em economia, da autonomia das regras do mercado, que obedeceriam ao critério do útil. No mundo dos negócios, fala-se do critério da eficácia, que deveria prescindir das regras universais de conduta, que tornariam os negócios, senão impossíveis, ao menos mais difíceis e menos lucrativos.

Um dos campos mais controvertidos, e também aquele em que cada homem ou mulher é particularmente sensível, e não apenas o artista, o cientista, o homem de negócios, mas cada homem e cada mulher, é o da vida sexual: autonomia da vida sexual significa liberdade das relações eróticas com respeito à moral corrente; em outras palavras, a vida sexual não tem regras de conduta muito precisas, ou obedece a regras diferentes daquelas da moral.

A mesma resposta foi dada no que se refere à política, e é a resposta que na pátria de Maquiavel e Guicciardini foi chamada de razão de Estado ou de autonomia da política.

Creio ser supérfluo recordar que quem refutou com grande sucesso essa tese foi Carl Schmitt, que atribuiu à esfera política um critério próprio de avaliação: o da oposição amigo-inimigo. Textualmente:

Assumamos que no plano moral a distinção de fundo seja entre bom e mau; no plano estético, entre belo e feio; no plano econômico, entre útil e prejudicial. A específica distinção a que é possível remeter as ações e os motivos políticos é a distinção entre amigo e inimigo.

Reitero aqui, por uma questão de ênfase, que a analogia entre as distinções tradicionais (verdadeiro-falso, bom-mau, belo-feio), de um lado, e a distinção amigo-inimigo, de outro, não se sustenta. São oposições que estão sobre dois planos diversos e que não podem ser alinhadas uma depois da outra como se estivessem no mesmo plano. As díades tradicionais permitem que se façam juízos de valor no sentido próprio da palavra, isto é, permitem que se expresse a própria aprovação ou a própria condenação de uma ação, promovendo assim, em relação a esta ação, o consenso ou o dissenso. A díade amigo-inimigo, explica Carl Schmitt, indica o extremo grau de intensidade de uma união ou de uma separação, de uma associação ou de uma dissociação. Mas não exprime de modo algum um juízo de valor que permita distinguir ações politicamente positivas de ações politicamente negativas, assim como, ao contrário, a díade belo-feio serve para distinguir obras de arte passíveis de serem esteticamente aprovadas ou desaprovadas. O amigo é o aliado, o inimigo é aquele contra quem se combate. Entre outras coisas, a contraposição não é exaustiva, porque entre o amigo e o inimigo pode existir o neutro, que não é nem amigo nem inimigo. Se se desejasse colocar ao lado das díades tradicionais uma díade que permita dar juízos de valor sobre a conduta política, dever-se-ia recorrer à díade oportuno-inoportuno, ou conforme ao fim-não conforme ao fim. Este sim é um critério que se pode empregar para dar um juízo positivo ou negativo sobre uma ação política, enquanto permite que se dê um juízo sobre a ação distinto tanto do juízo útil-desútil, mediante o qual se julga a ação econômica, quanto do juízo bom-mau, mediante o qual se julga a ação moral. Se se observam todas as teorias que defendem a autonomia da política com respeito à moral, pode-se ver que elas contrapõem ao critério de juízo bom-mau o da oportunidade e da inoportunidade. Considera-se que a política pode dizer-se autônoma na medida em que uma ação pode ser julgada politicamente oportuna ainda que não seja eticamente boa e ainda que não seja economicamente útil. A distinção schmittiana amigo-inimigo não serve de modo algum para caracterizar a política como esfera autônoma com respeito aos valores, mas unicamente para dar uma definição explicativa de "política".

O problema da relação entre moral e política nasce do mesmo modo que nas outras esferas, onde, para continuar com nossos exemplos, podem existir obras esteticamente admiráveis mas moralmente condenáveis, ações economicamente úteis mas moralmente reprováveis. Para dar um exemplo de grande atualidade, pensemos no problema da venda de órgãos humanos. Argumentou-se que o melhor modo de remediar a dificuldade de encontrar rins para transplante seja o de considerá-los uma mercadoria como outra qualquer, pois sempre se encontrará um pobre coitado disposto a vender um rim para pagar suas dívidas ou comprar um toca-fitas. Ou, para dar outro exemplo, se o fim da empresa numa sociedade de mercado é o lucro, não está excluído que o lucro seja perseguido sem que se leve muito em conta o princípio fundamental da moral, qual seja, o respeito pela pessoa.

Analogamente, o problema da relação entre moral e política se põe do seguinte modo: é constatação comum, feita por quem quer que saiba um pouco de história, que na esfera política são realizadas continuamente ações que a moral considera ilícitas ou, ao contrário, são permitidas ações que a moral considera imperiosas. Dessa constatação chegou-se à convicção de que a política obedece a um código de regras diferente do moral. Dou alguns exemplos:

O código moral, em todos os tempos e em todos os países, ordena: "Não matar". Em vez disso, a história humana pode ser objetivamente representada como uma longa, contínua e ininterrupta sequela de assassinatos, extermínios de inocentes,

Elogio da serenidade

massacres sem objetivo aparente, insurreições, revoltas, revoluções cruentas, guerras, normalmente justificadas com os mais diversos argumentos. Hegel afirmou certa vez que a história humana é um "imenso matadouro". Disse-se com razão que o preceito "não matar" vale no interior do grupo, não em seu exterior, ou seja, nas relações entre grupo e grupo. Com essa explicação, o preceito "não matar" torna-se puramente instrumental, perde qualquer característica de imperativo categórico. Vale no interior do grupo porque assegura aquela paz entre seus membros que é necessária para a sobrevivência do conjunto. Não vale no exterior do grupo pela mesma razão, porque o grupo somente sobrevive se consegue se defender do ataque dos grupos hostis: faz parte da estratégia da defesa a autorização ou mesmo – mas que estou dizendo? – a obrigação de matar o inimigo.

O mesmo pode ser dito de outro preceito fundamental de toda moral: "Não mentir". Existe uma literatura imensa sobre a arte da simulação e da dissimulação em política. Elias Canetti, em *Massa e poder*, escreveu páginas de grande interesse sobre o tema: "Uma distribuição desigual da capacidade de percepção faz parte do poder. O detentor de poder conhece as intenções alheias, mas não permite que se conheçam suas próprias intenções. Ele tem de ser o que mais cala. A ninguém é permitido conhecer-lhe o pensamento e a intenção". Como exemplo desta impenetrabilidade, apresenta o de Filippo Maria Visconti, de quem diz: "Ninguém se igualava ao duque na capacidade de ocultar o que abrigava em seu íntimo".

Quem desejar conhecer melhor o assunto pode consultar o livro de Rosario Villari, *Elogio da dissimulação*,[1] que apesar de se referir apenas à época barroca fornece exemplos e citações válidos para todos os tempos. Entre as muitas citações, escolho a de um trecho de Giusto Lipsio: "Espione uma boa alma qualquer

---

1   R. Villari, *Elogio della dissimulazione*. La lotta politica nel Seicento, Bari: Laterza, 1987.

e ela gritará: 'Sejam banidas da vida humana a simulação e a dissimulação'. Da vida privada pode até ser, mas não da vida pública, e nem de outro modo poderia proceder quem *controle toda a República*". Essa é uma das tantas passagens de que parece ser necessário deduzir que a distinção entre moral e política coincide com aquela entre privado e público. O que se chama correntemente de moral valeria apenas na vida privada. Na vida pública valeriam outras regras.

Não há esfera política sem conflitos. Ninguém pode esperar levar a melhor num conflito sem recorrer à arte do fingimento, do engano, do mascaramento das próprias intenções. Neste reino do eterno conflito pela sobrevivência, que é a natureza, são universais as diversas técnicas do esconder-se, do refugiar-se e do mimetizar-se praticadas pelos animais. Do verdadeiro duelo, ou daquele duelo lúdico que é a esgrima, à arte da estratégia militar, o saber fingir, a "finta", para enganar o adversário, faz parte das condições mesmas do sucesso. Não há política sem uso do segredo: o segredo não só tolera como exige a mentira. Ficar preso ao segredo significa ter o dever de não revelá-lo; o dever de não revelá-lo implica o dever de mentir.

Dou um terceiro exemplo: a máxima que fundamenta toda convivência possível é *"Pacta sunt servanda"* "Os pactos devem ser respeitados". Toda sociedade é um entrelaçamento de relações de troca. Uma sociedade sobrevive se e desde que seja garantida a segurança das trocas. Daí, temos uma das máximas morais, a que exige a recíproca observância dos pactos. A observância dos pactos é precisamente um dos exemplos propostos por Kant para possibilitar a compreensão do sentido daquele princípio ético fundamental que afirma: "Não podes fazer aquilo que não tem como se tornar uma máxima universal". Devo observar os pactos, porque não quero viver numa sociedade em que os pactos não sejam observados. Seria o retorno ao estado de natureza, em que ninguém é levado a observar um pacto até que não esteja seguro de que os outros também o observarão.

Mas no estado de natureza esta segurança não existe. Quem observa os pactos num mundo em que os outros não se sentem obrigados a observá-los está destinado a sucumbir.

Também esta máxima não parece valer na vida pública como vale incondicionalmente na vida privada. Costuma-se dizer que os tratados internacionais são pedaços de papel. Os compromissos assumidos valem somente segundo a fórmula *"rebus sic stantibus"* "Desde que as coisas se mantenham". As relações internacionais estão baseadas mais na desconfiança que na confiança. Uma sociedade contratual é, porém, uma sociedade baseada na confiança. Uma sociedade em que um desconfia do outro é uma sociedade em que, ao final, sendo do mais forte a vitória, cada um busca a salvação mais na força que na sabedoria.

Esta referência à sabedoria nos põe diante de uma ulterior diferença radical entre o mundo moral e o mundo político, que resume todas as outras. Não é por acaso que a virtude do político por excelência não é tanto a sabedoria ou a sapiência, quanto a prudência, ou seja, a capacidade de adaptar os princípios à solução das situações concretas. No famoso capítulo XVIII de *O príncipe*, Maquiavel afirma que um senhor "prudente" não está obrigado a manter a palavra dada quando "isto se torna prejudicial" a ele. Um dos mestres de comportamento da era barroca, Balthasar Gracián, escreveu: "As serpentes são mestres de toda sagacidade. Elas nos mostram o caminho da prudência". Logo depois da prudência – virtude por excelência do político, também ela referida aos gregos – está a astúcia, representada não mais pela serpente, mas pela raposa. A astúcia, em grego *metis*, remete nada mais nada menos que a Ulisses. Há um belo livro de Detienne e Vernant, também traduzido para o italiano, *As astúcias da inteligência na Grécia antiga*, em que se lê:

> A *metis* deve prever o imprevisível. Empenhada no devir, pronta diante de situações ambíguas e novas, nas quais o êxito é sempre incerto, a inteligência astuta consegue incidir sobre os seres e as coisas porque é capaz de prever, para além do imediato presente,

um segmento mais ou menos amplo de futuro. A *metis* surge múltipla, variegada, ondulante. Possui a duplicidade mediante a qual se apresenta sempre diferente do que realmente é, e esconde sua realidade nociva sob aparências reconfortantes.[2]

Faz parte da astúcia a invenção de arapucas para enganar o adversário, de armadilhas, de insídias, de emboscadas, de disfarces, de estratagemas os mais variados (dos quais o mais célebre de todos foi o cavalo de Troia).

Num antigo tratado grego de caça e pesca, os dois animais que fazem particular exibição de *metis* são a raposa e o pólipo. A astúcia da raposa consiste sobretudo em se virar de pernas para o ar quando a águia ataca; a do pólipo é a de não se deixar prender graças às múltiplas formas que assume. Seu decalque humano é o homem *polútropos*, o homem dos mil recursos. Nos últimos anos, difundiu-se o estudo das metáforas, especialmente das metáforas animais, na linguagem política. Faz-se um uso contínuo delas: pense-se em quantos discursos políticos cotidianos aparece a referência aos "falcões" e às "pombas". A metáfora da raposa é bastante conhecida. Menos usual, senão mesmo esquecida, é a do pólipo. O pólipo é capaz de se adaptar às situações mais variadas, de assumir os aspectos mais diversos, de inventar mil movimentos imprevisíveis que tornam sua ação mais eficaz nas mais diferentes circunstâncias. Dessa interpretação parecem advir os mesmos caracteres que hoje se atribuem ao homem político que é depreciativamente chamado de "camaleão".

Gostaria de observar que nenhuma destas metáforas animalescas – serpente, raposa, leão, pólipo, camaleão – poderia ser usada para representar o homem moral, aquele que age tendo em vista o bem universal e não apenas o bem da cidade. É uma prova a mais da irredutibilidade das assim chamadas virtudes políticas, no sentido maquiavélico da palavra, à virtude moral.

---

2 M. Detienne, J. P. Vernant, *Le astuzie dell'intelligenza dell'antica Grecia*. Trad. it. de A. Giardina, Roma, Bari: Laterza, 1978.

Neste ponto, depois de ter constatado que sempre existiu, e ainda existe, uma divergência entre as regras da moral e as regras da política, surgem dois problemas fundamentais: como se explica esta divergência?; é bom ou mau que ela exista? A primeira é uma *quaestio facti*, a segunda uma *quaestio iuris*. Vejamo-las separadamente.

Uma explicação plausível certamente não pode ser encontrada, como já dissemos no início, na tese da autonomia da política com respeito à moral. Esta tese não explica nada, é uma mera tautologia. É como dizer que moral e política são diversas porque são diversas. Apesar disso, o problema da diversidade é um problema sério, porque, não obstante a diferença estabelecida e comprovada historicamente, também corre ao longo da história a exigência de que esta diferença diminua ou, no mínimo, que o bom governo seja aquele em que política e moral tendam a coincidir. Ou ainda, ao lado das doutrinas realistas para as quais esta diferença é ineliminável, existem teorias idealistas para as quais a política deve se uniformizar à moral, sem o que se converte numa má política.

Num conhecido livro, *O rosto demoníaco do poder*,[3] o historiador alemão Gerhard Ritter sustenta que estas duas orientações de pensamento estão bem representadas no início da Era Moderna: a realista por Maquiavel, a idealista por Thomas More, que descreve a República de Utopia onde reinam a mais perfeita paz e a mais perfeita justiça. As duas orientações da política amoral e da política moral teriam confluído, segundo Ritter, uma na Alemanha de Hitler, outra no processo de Nuremberg contra os criminosos nazistas e na instituição da ONU. De resto, não se deve esquecer que, nos mesmos anos em que Maquiavel escreve *O príncipe*, considerado um exemplo não superado de política realista, Erasmo escreve *A educação do príncipe cristão*, que pode ser considerado um exemplo igualmente puro de política idealista.

---

3 G. Ritter, *Il volto demoniaco del potere* (1948), Bologna: Il Mulino, 1997.

O contraste entre realismo e idealismo repetiu-se continuamente na história do pensamento político. Não se pode dar exemplo mais reluzente disso que a oposta posição assumida diante do problema da relação entre moral e política pelos dois maiores filósofos da Era Moderna: Kant e Hegel. O ideal de Kant é o "político moral", ou seja, o soberano que interpreta os princípios da arte política de modo a que possam coexistir com os princípios da moral e que eleva, à condição de regra do seu agir, a máxima segundo a qual ele está forçado a corrigir os defeitos da constituição conforme os princípios do direito de natureza, "ainda que com o eventual sacrifício de seu interesse particular". Para Hegel, em vez disso, vale o princípio da razão de Estado em sua fórmula mais pura, quer dizer, o princípio segundo o qual a moral política, que ele chama de "eticidade", tem prioridade sobre a moral propriamente dita, que é a moral privada. Daí se segue que a afirmação segundo a qual existe uma oposição entre a política e a moral "repousa num modo superficial de representar a moralidade, a natureza do Estado e as suas relações com o ponto de vista moral".

Não obstante a recorrente aspiração de reduzir a política à moral, o contraste continua a existir de fato. Compreende-se que tenha provocado e continue a provocar tantas tentativas de explicação. Estas tentativas são inumeráveis. Limito-me a indicar três delas:

1. A separação entre moral e política nasce do fato de que a conduta política é guiada pela máxima de que o fim justifica os meios, e o fim da política – a conservação do Estado, o bem público, o bem comum ou coletivo, como se o queira chamar – é tão superior ao bem dos indivíduos singulares que acaba por justificar a violação de regras morais fundamentais que valem para os indivíduos e nas relações entre eles. É tradicional a máxima "*Salus rei publicae suprema lex*" "A salvação do Estado é a lei suprema". Seria longo demais colocar em destaque todos os aspectos frágeis desta

máxima. A crítica moral se fixa antes de tudo no valor do fim. Nem todos os fins são tão elevados para justificar o uso de qualquer meio: daí a necessidade do governo das leis contraposto ao governo dos homens, ou seja, de um governo em que os governantes ajam em conformidade com leis estabelecidas, sejam controlados pelo consenso popular e sejam responsáveis pelas decisões que tomam. Na mesma passagem em que Maquiavel enuncia e adota o princípio da salvação da pátria como bem supremo, ele também diz, referindo-se ao rei da França: "O que quer que faça o rei, ele jamais se expõe à vergonha, no êxito ou na desgraça. Vencedor ou vencido, suas decisões são sempre as decisões de um rei". Semelhante afirmação seria inaceitável num Estado de direito.

A crítica moral fixa-se também na licitude dos meios. Todos os meios são lícitos? Basta pensar nas normas que foram sendo pouco a pouco estabelecidas pelo assim chamado direito de guerra, normas que têm por objetivo essencialmente a limitação do uso da força. Que estes limites não sejam respeitados não quer dizer que sua violação não seja percebida como uma ofensa à consciência cívica. Também sob esse aspecto existe uma diferença entre o Estado democrático e o Estado não democrático, seja no que diz respeito ao uso de meios mais ou menos violentos por parte das forças policiais, seja no que diz respeito, caso exemplar, à abolição da pena de morte.

2. A segunda justificação é a que foi dada prevalentemente pelas teorias da razão de Estado, segundo as quais a política deve estar subordinada à moral, mas podem existir situações excepcionais em que se torna legítima uma derrogação dos princípios. Nenhum princípio moral tem valor absoluto, vale sem exceções. Até mesmo a norma "não matar" pode ser excepcionalmente violada; um destes casos está previsto em todo código penal, que é o da legítima defesa. Um outro é o estado de necessidade, já que a necessidade não tem lei, é lei em si mesma.

Já que citamos Carl Schmitt no início do presente texto, não se pode deixar de recordar a esse propósito que, segundo ele, a característica da soberania está no poder de decretar o estado de sítio ou de exceção, mais precisamente aquele estado que consente, com base no princípio da necessidade, derrogar as leis vigentes ou suspender provisoriamente sua execução.

Também sob este aspecto há uma diferença entre Estado democrático e Estado não democrático. Na Constituição italiana, por exemplo, não está previsto o estado de exceção, mas apenas o estado de guerra, e não genericamente o estado de necessidade.

3. A terceira justificação é a que remete a separação entre moral e política à contraposição insanável entre duas formas de ética, a ética dos princípios e a ética dos resultados (ou das consequências). Uma julga a ação com base naquilo que está antes, o princípio, a norma, a máxima – não matar, não mentir, observar os pactos estabelecidos; a outra julga a ação com base naquilo que vem depois, isto é, com base nos efeitos da ação. Os dois juízos podem coincidir, mas frequentemente divergem. Só teriam como coincidir sempre se sempre fosse verdade – o que não é – que a observância de um princípio dá bons resultados ou que bons resultados só são obtidos quando são observados os princípios.

Dou dois exemplos, extraídos o primeiro de uma norma proibitiva, o segundo de uma norma permissiva. Consideremos ainda uma vez a norma proibitiva universal: "Não matar". Do ponto de vista da ética dos princípios, a pena de morte deveria ser reprovada. Mas se se demonstra que ela tem consequências úteis para a sociedade, na medida em que contribui para diminuir o número de delitos, pode ser em alguns casos excepcionalmente permitida. Este é, aliás, o argumento preferido de seus defensores. Também seria possível sustentar, ao contrário, que a pena de morte está conforme ao princípio da justiça retributiva, segundo o qual quem matou deve ser morto e, vice-versa, que deve ser abolida levando em conta as consequências sempre que ficar demonstrado que, na maior parte dos delitos a que é aplicada, ela não tem qualquer efeito de intimidação e acaba portanto por se tornar uma crueldade inútil. Como se vê, os dois juízos, segundo os princípios e segundo as consequências, divergem em ambos os casos. Como exemplo de uma norma permissiva, tomo a legislação sobre o aborto, que hoje vigora em muitos países, incluindo a Itália: com base no princípio "não matar", existem bons argumentos para considerar o aborto um delito, mas quem o admite defende a sua admissão com base nas consequências, como, por exemplo, a da impossibilidade de manter decentemente o filho nascituro, ou mesmo o excesso de superpopulação, que a humanidade inteira poderia não ter mais condições de enfrentar com recursos adequados.

Qual a relação entre a distinção destas duas éticas e a distinção de moral e política? A relação nasce da constatação de que, na realidade, a distinção entre moral e política corresponde quase sempre à distinção entre ética dos princípios e ética dos resultados: o homem moral age e avalia as ações alheias com base na ética dos princípios, o político age e avalia as ações alheias com base na ética dos resultados. O moralista se pergunta: "Que princípios devo observar?". O político: "Que consequências decorrem da minha ação?". Como escrevi em outra ocasião, o moralista também pode aceitar a máxima *"Fiat iustitia pereat mundus"* "Faça-se justiça ainda que o mundo pereça", mas o político age no mundo e para o mundo. Não pode, por isso, tomar uma decisão que comporte a consequência de que "o mundo pereça".

A primeira explicação, "O fim justifica os meios", funda-se na distinção entre imperativos categóricos e imperativos hipotéticos. Admite somente imperativos hipotéticos: "Se queres, deves". A segunda explicação, baseada na derrogação, funda-se na distinção entre norma geral e normal excepcional. A terceira e última, que contrapõe a ética dos princípios à ética da responsabilidade, vai mais fundo e descobre que o juízo sobre as nossas ações, para aprová-las ou desaprová-las, duplica-se, dando lugar a dois sistemas morais diversos, cujos juízos não são necessariamente coincidentes. É desta duplicação que nascem as antinomias da nossa vida moral, e destas antinomias, por sua vez, nascem aquelas particulares situações que cada um de nós experimenta cotidianamente, e que se chamam "casos de consciência".

Da constatação de que moral e política são de fato separadas, não se deve deduzir que não existam vários graus de diversificação e que não seja desejável uma situação em que, ainda que não seja possível uma perfeita resolução da política na moral, a separação se atenue bastante.

Contrapus várias vezes a democracia aos governos não democráticos. Considero que uma das características positivas da democracia, que nos induz a dizer que ela é a melhor, ou a menos ruim, das formas de governo, é mesmo esta: a democracia é o sistema político que nos permite a maior aproximação possível entre as exigências da moral e as da política.

Retomo as observações feitas no início do presente texto, quando, para sublinhar a separação entre moral e política, adotei três exemplos: "Não matar", "Não mentir" e "Os pactos devem ser respeitados". Pois bem:

1. A democracia é a forma de governo cujas regras principais, quando observadas, têm o objetivo de permitir a solução dos conflitos sociais sem a necessidade de recorrer à violência recíproca (as cabeças são contadas e não cortadas).

2. Para poder viver e reforçar-se, uma democracia necessita da máxima extensão da relação de confiança recíproca entre os cidadãos, e portanto da eliminação, tão completa quanto possível,

da estratégia da simulação e do engano (o que quer dizer também a redução, tão grande quanto possível, do espaço do segredo).

3. Na medida em que pressupõe e exige uma sociedade pluralista, na qual vários grupos de poder concorrem pacificamente pela tomada das decisões coletivas, a democracia é um regime em que a maior parte das decisões é tomada por meio de acordos entre os vários grupos. A democracia dá vida a uma sociedade eminentemente contratual. Tal sociedade, por sua vez, pressupõe e exige o respeito à máxima *"Pacta sunt servanda"*.

Não é de esperar que a separação entre as exigências da moral e as exigências da política perca força inteiramente. É de esperar, porém, que a política possa respeitar o ideal moral de uma boa sociedade numa democracia, bem mais do que numa das tantas formas de governo despótico que existiram e continuam a existir neste mundo. É fácil entender que nem todas as democracias são iguais. Mas precisamente a diversa relação entre moral e política, que procurei aqui ilustrar, também deveria servir para distinguir as democracias boas das democracias perversas, as melhores das piores, e desse modo indicar a direção em que devemos nos mover para fazer que a forma democrática de governo se aproxime sempre mais de seu ideal.

Falei frequentemente das promessas não cumpridas da democracia. Um bom critério para avaliar o afastamento entre ideal e real é o de tomar em consideração a relação entre moral e política e julgar, numa democracia histórica, que grau de violência política ainda se pode nela encontrar, que parte das relações políticas ainda está recoberta pelo segredo (que favorece, como dissemos, a arte da mentira), quão grande é a força vinculatória dos pactos entre as forças sociais e políticas, dos quais depende a maior ou menor saúde de uma sociedade pluralista tal qual a democrática.

Parte II

3
A natureza do preconceito

O que é preconceito

Entende-se por "preconceito" uma opinião ou um conjunto de opiniões, às vezes até mesmo uma doutrina completa, que é acolhida acrítica e passivamente pela tradição, pelo costume ou por uma autoridade de quem aceitamos as ordens sem discussão: "acriticamente" e "passivamente", na medida em que a aceitamos sem verificá-la, por inércia, respeito ou temor, e a aceitamos com tanta força que resiste a qualquer refutação racional, vale dizer, a qualquer refutação feita com base em argumentos racionais. Por isso se diz corretamente que o preconceito pertence à esfera do não racional, ao conjunto das crenças que não nascem do raciocínio e escapam de qualquer refutação fundada num raciocínio.

O pertencimento à esfera das ideias que não aceitam se submeter ao controle da razão serve para distinguir o preconceito de qualquer outra forma de opinião errônea. O preconceito é uma opinião errônea tomada fortemente por verdadeira, mas nem toda opinião errônea pode ser considerada um preconceito.

Para dar um exemplo banal, qualquer um de nós, ao estudar uma língua estrangeira, comete erros: são erros que não derivam de um preconceito, mas pura e simplesmente da ignorância de algumas regras daquela língua. Qual a diferença entre um erro deste gênero e o erro do preconceito? A diferença consiste precisamente no fato de que o erro que cometemos ao escrever numa língua que conhecemos mal pode ser corrigido mediante um melhor conhecimento, isto é, mediante argumentos que apelam à nossa faculdade de raciocinar e de aprender com a experiência.

Outra espécie de erro que não deve ser confundido com o preconceito é aquele em que incorremos quando somos enganados por alguém que nos faz acreditar ser verdadeira uma coisa que verdadeira não é: podemos cair no erro de boa-fé, mas também neste caso, uma vez desvelado o engano, estamos em condições de reconhecer o erro e restabelecer a verdade. Em geral, pode-se dizer que se distinguem daquela opinião errônea em que consiste o preconceito todas as formas que podem ser corrigidas mediante os recursos da razão e da experiência. Precisamente por não ser corrigível ou por ser menos facilmente corrigível, o preconceito é um erro mais tenaz e socialmente mais perigoso.

Podemos agora perguntar de onde o preconceito extrai tanta força para resistir, mais que qualquer outro erro, à refutação racional. Creio ser possível dar a seguinte resposta: a força do preconceito depende geralmente do fato de que a crença na veracidade de uma opinião falsa corresponde aos meus desejos, mobiliza minhas paixões, serve aos meus interesses. Por trás da força de convicção com que acreditamos naquilo que o preconceito nos faz acreditar está uma razão prática e, portanto, justamente em consequência desta razão prática, uma predisposição a acreditar na opinião que o preconceito transmite. Esta predisposição a acreditar também pode ser chamada de prevenção. Preconceito e prevenção estão habitualmente ligados entre si. O preconceito enraíza-se mais facilmente naqueles que já estão favoravelmente predispostos a aceitá-lo. Também por isso, o preconceito como opinião errônea aceita fortemente como verdadeira distingue-se das outras formas de erro porque nestas geralmente não há prevenção: e justamente porque não há prevenção, elas são mais facilmente corrigíveis.

Diversas formas de preconceito

Existem várias formas de preconceito. Uma primeira distinção útil é aquela entre preconceitos individuais e preconceitos coletivos. Neste momento, não estou particularmente interessado nos preconceitos individuais, tal como as superstições, as crenças mais ou menos idiotas no azar, na maldição, no mau-olhado, que nos induzem a cruzar os dedos e a carregar folhas de arruda, ou a fazer certos gestos de esconjuro, ou a não realizar certas ações, como viajar às sextas-feiras ou sentar-se à mesa em treze pessoas, a buscar apoio em amuletos para afastar o azar ou em talismãs para trazer sorte. Não me interesso por isso porque são crenças mais ou menos inócuas, que não têm a periculosidade social dos preconceitos coletivos.

Chamo de preconceitos coletivos aqueles que são compartilhados por um grupo social inteiro e estão dirigidos a outro grupo social. A periculosidade dos preconceitos coletivos depende do fato de que muitos conflitos entre grupos, que podem até mesmo degenerar na violência, derivam do modo distorcido com que um grupo social julga o outro, gerando incompreensão, rivalidade, inimizade, desprezo ou escárnio. Geralmente, este juízo distorcido é recíproco, e em ambas as partes é tão mais forte quanto mais intensa é a identificação entre os membros individuais e o próprio grupo. A identificação com o próprio grupo faz que se perceba o outro como diverso, ou mesmo como hostil. Para esta identificação-contraposição contribui precisamente o preconceito, ou seja, o juízo negativo que os membros de um grupo fazem das características do grupo rival.

Os preconceitos de grupo são inumeráveis, mas os dois historicamente mais relevantes e influentes são o preconceito nacional e o preconceito de classe. Não é por outro motivo que os grandes conflitos que marcaram a história da humanidade são os derivados das guerras entre nações ou povos (ou também raças) e da luta de classes. Não há nação que não traga nas costas uma ideia persistente, tenaz e dificilmente modificável da própria identidade, que se apoiaria em sua pretensa e presumida diversidade em relação a todas as outras nações. Há uma grande diferença, às vezes uma oposição, entre o modo como um povo vê a si mesmo e o modo como é visto pelos outros povos; mas, geralmente, ambos os modos são constituídos por ideias fixas, por generalizações superficiais (todos os alemães são prepotentes, todos os italianos são espertalhões etc.), que precisamente por isso são chamadas de "estereótipos". Para dar um exemplo que nos é bem familiar, pensemos na ideia que os piemonteses fazem de si mesmos (que é uma ideia positiva) e na ideia que deles fazem normalmente as outras regiões italianas (que é uma ideia negativa, o contrário perfeito da ideia positiva que fazem de si mesmos): tanto uma quanto a outra são estereótipos. Tanto é um estereótipo dizer que o piemontês é um bom trabalhador, correto e de poucas palavras, quanto dizer o contrário, que é um esforçado de inteligência curta, fraco da cabeça e frio nas relações interpessoais.

Sobre a existência do preconceito de classe, não preciso acrescentar nada, pois se trata de um dado da experiência comum. Não preciso esclarecer que o conflito de classe nasce também do preconceito. Não digo que nasça apenas do preconceito. Nasce da contraposição real entre aqueles que têm e aqueles que não têm, entre proprietários exclusivos dos meios de produção e aqueles que não possuem outro bem senão a força de trabalho. Mas não há dúvida de que o conflito é reforçado pelo preconceito, mediante o qual as duas classes contrapostas se atribuem reciprocamente apenas características negativas.

Preconceito e discriminação

Ocupo-me do preconceito por suas consequências nocivas. A consequência principal do preconceito de grupo é a discriminação. Dos exemplos que apresentei – do preconceito nacional (ou regional) e do preconceito de classe, a que se deve acrescentar o preconceito racial –, deriva que a consequência principal do preconceito coletivo é a distinção, ou melhor, a contraposição, entre grupos que se discriminam reciprocamente.

Que significa discriminação? A palavra é relativamente recente e foi introduzida e difundida sobretudo em relação à campanha racial, primeiro nazista e depois também fascista, contra os judeus, considerados um grupo "discriminado" com respeito ao grupo dominante. "Discriminação" significa qualquer coisa a mais do que diferença ou distinção, pois é sempre usada com uma conotação pejorativa. Podemos, portanto, dizer que por "discriminação" se entende uma diferenciação injusta ou ilegítima. Por que injusta ou ilegítima? Porque vai contra o princípio fundamental da justiça (aquela que os filósofos chamam de "regra de justiça"), segundo a qual devem ser tratados de modo igual aqueles que são iguais. Pode-se dizer que se tem uma discriminação quando aqueles que deveriam ser tratados de modo igual, com base em critérios comumente aceitos nos países civilizados (para deixar mais claro, refiro-me aos critérios fixados no Art. 3 da Constituição italiana),[1] são tratados de modo desigual.

---

1 Incluído entre os "princípios fundamentais" da Constituição italiana, promulgada em dezembro de 1947, o Art. 3 estabelece o seguinte: "Todos os cidadãos têm idêntica dignidade social e são iguais perante a lei, sem distinção de sexo, raça, língua, religião, opiniões políticas, condições pessoais e sociais. É dever da República remover os obstáculos de ordem econômica e social que, limitando de fato a liberdade e a igualdade dos cidadãos, impeçam o pleno desenvolvimento da pessoa e a efetiva participação de todos os trabalhadores na organização política, econômica e social do país". (N. T.)

Procuremos compreender melhor em que consiste a discriminação distinguindo as fases por meio das quais ela se desenvolve. Num primeiro momento, a discriminação se funda num mero juízo de fato, isto é, na constatação da diversidade entre homem e homem, entre grupo e grupo. Num juízo de fato deste gênero, não há nada de reprovável: os homens são *de fato* diferentes entre si. Da constatação de que os homens são desiguais, ainda não decorre um juízo discriminante.

O juízo discriminante necessita de um juízo ulterior, desta vez não mais de fato, mas de valor: ou seja, necessita que, dos dois grupos diversos, um seja considerado bom e o outro mau, ou que um seja considerado civilizado e o outro bárbaro, um superior (em dotes intelectuais, em virtudes morais etc.) e o outro inferior. Compreende-se muito bem que uma coisa é dizer que dois indivíduos ou grupos são diferentes, tratando-se de uma mera constatação de fato que pode ser sustentada por dados objetivos, outra coisa é dizer que o primeiro é superior ao segundo. Um juízo desse tipo introduz um critério de distinção não mais factual mas valorativo, que, como todos os juízos de valor, é relativo, historicamente ou mesmo subjetivamente condicionado. Na discriminação racial, que é uma das discriminações mais odiosas, este intercâmbio entre juízo de fato e juízo de valor ocorre habitualmente. Que os negros sejam diversos dos brancos, é um mero juízo de fato: trata-se, dentre outras coisas, de uma diferença visível, tão visível que não tem como ser negada. A discriminação começa quando as pessoas não se limitam mais a constatar que são diferentes, e acrescentam que os brancos são superiores aos negros, que os negros são uma raça inferior. Inferior com relação a quê? Para dizer que um ser é superior a outro deve haver algum critério de valor. Mas de onde deriva este critério de valor? Trata-se de um critério de valor que quase sempre é inserido acriticamente no âmbito de certo grupo e que, como tal, se apoia na força da tradição ou numa autoridade reconhecida (por exemplo, num texto considerado infalível pelos seguidores, como o *Mein Kampf* de Hitler).

O processo de discriminação não termina aqui, mas se completa numa terceira fase, que é a verdadeiramente decisiva. Para que a discriminação libere todas as suas consequências negativas, não basta que um grupo, com base num juízo de valor, afirme ser superior ao outro. Pode-se muito bem pensar num indivíduo que se considere superior a outro mas não extraia de modo algum deste juízo a consequência de que é seu dever escravizá-lo, explorá-lo ou até mesmo eliminá-lo. Pensem na relação habitual entre pais e filhos. Nada a objetar quanto à consideração da superioridade dos pais sobre os filhos, até mesmo porque esta superioridade pode estar parcialmente assentada em bases objetivas, ao menos enquanto os filhos forem pequenos. Porém, desses dois juízos não decorre de modo algum a consequência de que o superior deva esmagar o inferior. Antes disso, passa-se nas relações familiares precisamente o oposto: como superior, o pai deve ajudar o filho. O mesmo ocorre, para dar um exemplo atual, nas relações entre o Norte e o Sul em nível mundial. Ninguém põe em dúvida a superioridade do Norte com respeito ao Sul, no mínimo sob o aspecto tecnológico. Mas, desta superioridade, ninguém considera poder derivar a consequência de que é bom que o Norte viva na abundância e o Sul sofra fome. A relação de diversidade, e mesmo a de superioridade, não implica as consequências da discriminação racial. Que não se restringe à consideração da superioridade de uma raça sobre outra, mas dá um outro passo decisivo (aquele que chamei de terceira fase no processo de discriminação): com base precisamente no juízo de que uma raça é superior e a outra é inferior, sustenta que a primeira deve comandar, a segunda obedecer, a primeira dominar, a outra ser subjugada, a primeira viver, a outra morrer. Da relação superior-inferior podem derivar tanto a concepção de que o superior tem o dever de ajudar o inferior a alcançar um nível mais alto de bem-estar e civilização, quanto a concepção de que o superior tem o direito de suprimir o inferior. Somente quando a diversidade leva a este segundo modo de conceber a relação entre superior e inferior é que se pode falar corretamente de uma verdadeira discriminação, com todas as aberrações dela decorrentes. Entre estas aberrações, a historicamente mais destrutiva foi a "solução final" concebida pelos nazistas para resolver o problema judaico no mundo: o extermínio sistemático de todos os judeus existentes em todos os países em que o nazismo estendera seu domínio. Para chegar a esta conclusão, os doutrinadores do nazismo tiveram de passar por estas três diversas fases: a) os judeus são diferentes dos arianos; b) os arianos são uma raça superior; c) as raças superiores devem dominar as inferiores, e até mesmo eliminá-las quando isto for necessário para a própria conservação.

Os vários tipos de discriminação...

Examinei até agora o nosso maior exemplo de discriminação: a racial. Ela, porém, não é a única.

Há muitas outras. Considere-se o Art. 3 da Constituição italiana, no qual se lê: "Todos os cidadãos têm idêntica dignidade social e são iguais perante a lei". A afirmação de que todos os cidadãos são iguais já é, por si mesma, uma tomada de posição com respeito a toda forma de discriminação. Como já observei, a discriminação repousa antes de tudo na ideia de que os homens são desiguais. O Art. 3 continua: "sem distinção de sexo, raça, língua, religião, opiniões políticas, condições pessoais e sociais".

Detenho-me de modo particular na discriminação referida às opiniões políticas e na que diz respeito às condições pessoais e sociais. A primeira se torna sempre mais irrelevante, ao menos num Estado democrático, que é pluralista por sua própria natureza e vive deste pluralismo. Ainda que não seja totalmente verdade que seguir uma opinião política em vez de outra não tenha consequências práticas, admite-se em termos de princípio, e portanto de modo categórico, não mais sujeito a discussão, que numa sociedade democrática cada um é livre para seguir a opinião política que considere melhor. Para dar um exemplo de discriminação com respeito à opinião política num Estado democrático, pode-se tomar o *Berufsverbot* que vigorava na República Federal Alemã: quer dizer, a determinação com base na qual os membros de certos movimentos ou partidos considerados subversivos não podiam ingressar em alguns órgãos públicos. Um dos objetivos primários do Estatuto dos Trabalhadores, que vigora na Itália desde 1970, foi o de garantir a liberdade de opinião no interior da fábrica. Seu Art. 1º, de fato, diz que os trabalhadores "têm direito, nos locais em que prestam seu serviço, de manifestar livremente o próprio pensamento".

Quanto às condições pessoais e sociais, seria preciso antes de tudo interpretar o significado exato da expressão. Em linhas bem gerais, pode-se dizer que entre as condições pessoais estão certamente alguns defeitos ou limitações, como aqueles que caracterizam a categoria hoje comumente chamada de portadores de deficiência, e entre as condições sociais o pertencimento a uma classe social. Para as finalidades deste nosso capítulo, basta dizer que o problema de uma possível (e não apenas possível, mas também real) discriminação com respeito aos portadores de deficiência existe e é continuamente discutido, sobretudo nos ambientes onde se elabora a política escolar. Não nos estenderemos também sobre a discriminação fundada na distinção de classe social, que, não obstante o texto do Art. 3, continua a produzir seus efeitos em numerosas situações, como, por exemplo, na aplicação da lei penal, muitas vezes mais respeitosa ou menos rígida diante dos ricos que dos pobres, apesar do princípio inscrito na fachada de todos os tribunais: "A lei é igual para todos".

...e suas diferenças

Uma vez arroladas as mais comuns formas de discriminação, trata-se de ver se se podem perceber diferenças relevantes entre elas. Já dissemos que a discriminação repousa sobre a observação de uma diversidade ou desigualdade entre indivíduo e indivíduo, entre grupo e grupo. Agora, a distinção principal que desejo fazer entre diversas formas de desigualdade é entre desigualdades naturais e desigualdades sociais. Trata-se de uma distinção relativa e não absoluta. Mas é uma distinção que, dentro de certos limites, tem um fundamento. Todos podem ver que a diferença entre homem e mulher é natural, ao passo que a diferença linguística é social ou histórica. Tanto isso é verdade que um homem não pode se transformar em mulher e vice-versa (senão em casos excepcionais), mas um homem pode falar duas ou mais línguas, podendo até mesmo ocorrer que num certo período da vida tenha falado uma língua e num outro período passe a falar uma língua diversa.

A distinção entre estas duas espécies de desigualdades teve grande importância na história do pensamento político. Uma das constantes aspirações dos homens é a de viver numa sociedade de iguais. Mas é claro que as desigualdades naturais são muito mais difíceis de vencer que as sociais. Por essa razão, aqueles que resistem às reivindicações de maior igualdade são levados a considerar que as desigualdades são, em sua maior parte, naturais e, como tais, invencíveis ou mais dificilmente superáveis. Ao contrário, aqueles que lutam por uma maior igualdade estão convencidos de que as desigualdades são, em sua maior parte, sociais ou históricas. Pense-se no príncipe dos escritores igualitários, Rousseau: no *Discurso sobre a origem da desigualdade entre os homens*, ele sustenta que a natureza fez os homens iguais e a civilização os tornou desiguais, em outras palavras, que as desigualdades entre os homens têm uma origem social e, por isso, o homem, voltando à natureza, pode retornar à igualdade. Experimente-se agora considerar o príncipe dos escritores não igualitários, Nietzsche (o anti-Rousseau): para o autor de *Além do bem e do mal*, os homens são por natureza desiguais e apenas a sociedade, com sua moral de rebanho, com sua religião baseada na compaixão pelos "defeituosos", é que fez que eles se tornassem iguais. Onde Rousseau vê desigualdades artificiais e portanto condenáveis e superáveis, Nietzsche vê desigualdades naturais e portanto não condenáveis nem superáveis. Ao passo que em nome da igualdade natural o igualitário condena as desigualdades sociais, em nome da desigualdade natural o não igualitário condena a igualdade social.

A diferença entre desigualdade natural e desigualdade social é relevante para o problema do preconceito pela seguinte razão: com frequência o preconceito nasce da superposição à desigualdade natural de uma desigualdade social que não é reconhecida como tal, sem portanto que se reconheça que a desigualdade natural foi agravada pela superposição de uma desigualdade criada pela sociedade e que, ao não ser reconhecida como tal, é considerada ineliminável. Isso ocorreu precisamente na questão feminina. É evidente que entre homem e mulher existem diferenças naturais. Mas a situação feminina que os movimentos feministas refutam é uma situação na qual à diversidade natural se acrescentaram diferenças de caráter social e histórico, que não são justificadas naturalmente e que, sendo um produto artificial da sociedade dirigida pelos homens, podem (ou devem) ser eliminadas. Também a diferença entre uma pessoa sã e um doente mental é uma diferença natural. Mas sobre ela foram superpostas discriminações sociais que são o produto de preconceitos. Um dos exemplos mais discutidos desta distorção de uma diversidade natural mediante um preconceito de caráter social é o que se refere aos homossexuais. Também neste caso se pode falar de diversidade natural entre homossexuais e heterossexuais. Mas o juízo negativo que em nossa sociedade é dado com relação à homossexualidade é de origem histórica. Tanto isso é verdade que, na classe culta da antiga Grécia, este juízo negativo não existia. Antes disso, o amor do sábio pelo jovem era considerado de natureza superior ao amor heterossexual.

Entre as formas de discriminação que estamos discutindo, são, ao contrário, de natureza mais social que natural as diferenças linguísticas e as que derivam do pertencimento a uma religião e não a outra. A religião, como a língua, é um produto social. Prova disso é que, ao passo que as desigualdades naturais são insuperáveis, nada impede que se imagine que as diferenças linguísticas e religiosas possam ser superadas. Como sempre existiu o ideal de uma religião universal, do mesmo modo sempre se apresentou a proposta de uma língua universal. A religião universal é uma religião igual para todos, assim como uma língua universal é uma língua igual para todos. Ao passo que é improvável que desapareça a diversidade de raças, porque se trata de uma diferença que não depende da vontade dos homens, poderiam desaparecer um dia as diferenças entre línguas e religiões, desde que se conseguisse estabelecer um acordo geral para unificar umas e outras.

Obviamente, tal diferença entre desigualdades naturais e sociais deve ser tomada com muita cautela, por mais que seja legítima. Ela serve, porém, para que se compreenda que o preconceito é um fenômeno social, é o produto da mentalidade de grupos formados historicamente, e precisamente como tal pode ser eliminado.

Preconceito e minorias

Uma última observação. Dissemos que o preconceito coletivo, que é o tipo de preconceito de que me ocupei com exclusividade, é a atitude que um grupo assume perante os indivíduos de um outro grupo. Pode-se acrescentar que quase sempre o grupo diante do qual se forma um preconceito hostil é uma minoria. O preconceito de grupo é geralmente um preconceito da maioria em relação a uma minoria. Típico neste sentido é o preconceito racial. Vítimas do preconceito de grupo são normalmente as minorias étnicas, religiosas, linguísticas etc. Prova disso é que uma coisa é a atitude do católico diante dos protestantes ou dos judeus em geral, outra coisa é a mesma atitude quando o protestante – como foi o caso dos Valdenses no Piemonte, em épocas históricas hoje felizmente superadas – ou o judeu, como foi por séculos o caso da instituição dos guetos, constituem uma minoria dentro de uma maioria. Pode-se dizer o mesmo sobre o preconceito dos italianos do Norte diante dos meridionais: ele se tornou tanto mais forte quanto mais, em seguida ao fenômeno da emigração, os homens provenientes do Sul do país formaram um grupo de minoria inserido numa maioria. Do mesmo modo para as minorias linguísticas: não há qualquer preconceito em geral contra os que falam diversamente, ao passo que o preconceito pode nascer quando os que falam diversamente são uma ilha restrita num ambiente mais vasto, que tende naturalmente a fazer que o próprio modo de falar prevaleça sobre o modo de falar da minoria.

Se é verdade que o preconceito de grupo golpeia geralmente as minorias, há ao menos uma exceção que nos deve fazer refletir. A série de preconceitos antifemininos dos homens não diz respeito a uma minoria: quanto ao número, as mulheres são mais ou menos como os homens e não vivem separadas em grupos minoritários. Já me referi ao fato de que entre homens e mulheres existem desigualdades naturais que seria estupidez esquecer. Mas é inegável que muitas das desigualdades entre a condição masculina e a feminina são de origem social, tanto que as relações entre homem e mulher mudam segundo as diversas sociedades. A emancipação da mulher, a que assistimos há anos, é uma emancipação que também deve avançar por meio da crítica de muitos preconceitos, isto é, de verdadeiras atitudes mentais radicadas no costume, nas ideologias, na literatura, no modo de pensar das pessoas, tão radicadas que, tendo sido perdida a noção da sua origem, continuam a ser defendidas por pessoas que as consideram, de boa-fé, como juízos fundados em dados de fato.

Precisamente porque estes preconceitos interpostos entre o homem e a mulher dizem respeito à metade do gênero humano e não apenas a pequenas minorias, é de considerar que o movimento pela emancipação das mulheres e pela conquista, por elas, da paridade dos direitos e das condições, seja a maior (eu estaria até mesmo tentado a dizer a única) revolução do nosso tempo.

Consequências do preconceito

Parti do pressuposto de que o preconceito deve ser combatido por suas consequências. Quais consequências? As consequências nocivas do preconceito podem ser distribuídas em três níveis diversos, que distingo por grau de gravidade ou de intensidade.

Começa-se pela discriminação jurídica. Em todas as legislações modernas, existe um princípio segundo o qual "todos são iguais perante a lei". Este princípio quer dizer que todos devem gozar dos mesmos direitos. Um dos efeitos de uma discriminação é que alguns são excluídos do gozo de certos direitos. Desde que falamos pouco atrás da questão feminina, nos valemos agora de um exemplo muito fácil e esclarecedor: até 1946, na Itália, as mulheres eram excluídas do voto, isto é, não gozavam de um direito de que gozavam os homens. Tratava-se de verdadeira discriminação, ainda que nem sempre fosse sentida como tal. A consequência dessa discriminação era naturalmente uma limitação. Quando irrompeu também na Itália a campanha contra os judeus durante os últimos anos do regime fascista, a primeira consequência foi a privação, infligida aos que eram considerados de raça judia, de alguns direitos que eles haviam gozado, como todos os outros italianos, antes da discriminação. Também neste caso havia um grupo que não era mais igual aos outros com respeito a certos direitos.

Uma segunda consequência, ainda mais grave, da discriminação é a marginalização social. O exemplo clássico é o gueto em que foram fechados os judeus, durante séculos, no mundo cristão. Mas, ainda que não institucionalizados, existem guetos de minorias étnicas ou sociais em todas as grandes cidades. Pense-se nos bairros negros de cidades americanas, como o Harlem em Nova York, ou nas favelas que circundam algumas metrópoles.

A forma extrema de marginalização é a que se pratica nas assim chamadas instituições totais, como as prisões e os manicômios. Também nesse caso o processo de emancipação coincide com o reconhecimento de uma discriminação, e o reconhecimento de uma discriminação é quase sempre o efeito de uma tomada de consciência do preconceito. Com respeito à relação homem-mulher, hoje em dia, com bastante frequência, ainda que de forma polêmica, costuma-se comparar a casa – onde a mulher foi por séculos relegada – a uma espécie de gueto, que marcou física e espacialmente a marginalização social da mulher.

A terceira fase do processo de discriminação – a mais grave – é a perseguição política. Aqui, entendo por perseguição política o uso também da força para esmagar uma minoria de "desiguais". O extermínio dos judeus e de outras minorias, como os ciganos, perpetrado pelo regime nazista, representa de modo dramático esta terceira fase.

Conclusão inconcludente

Sei bem que deveria concluir respondendo à pergunta: "Mas, se o preconceito traz tantos danos à humanidade, teremos como eliminá-lo?". Reconheço muito francamente que não sei dar qualquer resposta a uma pergunta deste gênero. Infelizmente. Quem quer que conheça um pouco de história, sabe que sempre existiram preconceitos nefastos e que mesmo quando alguns deles chegam a ser superados, outros tantos surgem quase que imediatamente.

Apenas posso dizer que os preconceitos nascem na cabeça dos homens. Por isso, é preciso combatê-los na cabeça dos homens, isto é, com o desenvolvimento das consciências e, portanto, com a educação, mediante a luta incessante contra toda forma de sectarismo. Existem homens que se matam por uma partida de futebol. Onde nasce esta paixão senão na cabeça deles? Não é uma panaceia, mas creio que a democracia pode servir também para isto: a democracia, vale dizer, uma sociedade em que as opiniões são livres e portanto são forçadas a se chocar e, ao se chocarem, acabam por se depurar. Para se libertarem dos preconceitos, os homens precisam antes de tudo viver numa sociedade livre.

4
Racismo hoje

O racismo tornou-se um dos grandes problemas de nossos dias e deverá sê-lo ainda mais nos próximos anos. Nós, italianos, sempre fomos um povo de emigrantes. Somente nos últimos tempos a Itália está começando a ser uma terra de imigração. Destinada, não nos iludamos, a crescer. À imigração, proveniente dos países convencionalmente chamados de Terceiro Mundo, está se somando a que provém dos países do Leste europeu após o fim do comunismo. A gravidade do problema atual, em comparação com as imigrações do século XIX, está no fato de que, naquela época, o fluxo imigratório procedia de países superpovoados, como era a Itália, em direção a países pouco povoados, como as Américas, ou quase despovoados, caso da Austrália. Agora, passa-se o contrário: o fluxo imigratório chega aos países europeus, que estão entre os países mais povoados do mundo.

Diante de uma imigração de massa, os problemas a serem enfrentados por um país como a Itália são bem diversos daqueles que se apresentam, por exemplo, para a Austrália. Entre esses problemas, existe também a irrupção de fenômenos racistas. A necessidade que tem o povo hospedante de conviver inesperada e subitamente com indivíduos de quem mal se conhecem os costumes, de quem se desconhece completamente a língua, com os quais só se consegue comunicar com gestos ou palavras estropiadas, gera inevitavelmente – e sublinho: inevitavelmente – atitudes de desconfiança, que vão do deboche verbal à recusa de qualquer forma de comunicação ou contato, da segregação à agressão.

Já faz certo tempo que nos batemos com uma pergunta a que se busca responder até mesmo com sondagens e pesquisas: "Os italianos são racistas?". Cito ao menos uma investigação, realizada em Turim, que se intitulou curiosamente de *Rumor*, para deixar claro que a atitude racista é por enquanto apenas um ruído de fundo, que ainda não se transformou em ações concretas e só raramente aflora à superfície a ponto de criar uma perturbação social. O conteúdo do livro fica evidenciado por seu subtítulo: *Atitudes diante dos imigrados estrangeiros*. Começa com o seguinte capítulo: "O preconceito étnico e as várias formas em que ele se exprime". O preconceito é distinguido conforme assuma um aspecto geral ou particular, e o aspecto particular é, por sua vez, distinguido em sociocultural, socioeconômico e pessoal.

Dou alguns exemplos para mostrar que não existem surpresas: o preconceito é monótono. As frases que hoje são dirigidas aos extracomunitários, ou seja, aos que não pertencem à Comunidade Europeia, são mais ou menos as mesmas que, há alguns decênios, em Turim, eram dirigidas aos italianos do Sul, aos meridionais. Preconceito de caráter geral: "Eles têm mais defeitos que méritos e invadem nosso território". Preconceito de tipo sociocultural: "Parecem ser diferentes na mentalidade, no comportamento, na vida social, nas tradições". Preconceito socioeconômico: "Não gostam de trabalhar, vivem à nossa custa, ameaçam os nossos interesses". Preconceito de caráter pessoal: "São mal-educados, desonestos, sujos, portadores de doenças contagiosas, violentos com as mulheres etc.".[1]

O preconceito étnico é um dos tantos preconceitos que infestam nossa mente e é um dos mais perigosos. Até mesmo porque é difícil de ser extirpado. Sobre a natureza e as várias formas do preconceito, há uma espécie de compêndio geral, que é menos citado do que deveria ser: trata-se do volume de Pierre-André Taguieff, *A força do preconceito*, de mais de 600 páginas, no qual se discute predominantemente o preconceito racial, como se depreende de seu subtítulo, *Ensaio sobre o racismo e seus duplos*.[2] O preconceito é aí definido como um "juízo prematuro", que induz a que se "acredite saber sem saber, se preveja sem indícios seguros suficientes, se chegue a conclusões sem se ter as certezas necessárias". O preconceito não apenas provoca opiniões errôneas, mas, diferentemente de muitas opiniões errôneas, é mais difícil de ser vencido, pois o erro que ele provoca deriva de uma crença falsa e não de um raciocínio errado que se pode demonstrar falso, nem da incorporação de um dado falso, cuja falsidade pode ser empiricamente provada.

---

1 O volume foi publicado em 1992 pela editora Rosenberg & Sellier, de Turim. As frases citadas estão na p.27. Ver também: L. Balbo, L. Manconi, *Razzismi:* um vocabolario, Milano: Feltrinelli, 1993; R. Bastide, *Noi e gli altri.* I luoghi di incontro e di separazione culturali e razziali. Trad. it. de Bruno Maffeis, Milano: Jaca Book, 1986; T. Ben Jelloun, *Il razzismo spiegato a mia figlia*, Milano: Bompiani, 1997; R. Gallissot & A. Rivera, *L'imbroglio etnico.* In dieci parole chiave, com um ensaio introdutório de M. Kilami, Bari: Dedalo, 1997; M. Wieviorka, *Lo spazio del razzismo*, apresentação de Laura Balbo, Milano: EST, 1996; G. Zincone, *Uno schermo contro il razzismo*. Per una politica dei diritti utili, com um estudo de A. Lostia & G. Tomaino, Roma: Donzelli, 1994.

2 P.-A. Taguieff, *La force du préjugé*: essai sur le racisme et ses doubles, Paris: Editions de la Découverte, 1987; Trad. it. aos cuidados de M. Canosa, P. Cristalli, *La forza del pregiudizio*. Saggio sul razzismo e l'antirazzismo, Bologna: Il Mulino, 1994, p.233.

As "razões do racismo"

Quem não tem preconceitos que atire a primeira pedra. Devemos ter muita cautela ao combater os preconceitos dos outros. Muitas vezes combatemos um preconceito com outro preconceito. Quer dizer, rejeitamos uma opinião errônea falsamente assumida como certa com outra opinião errônea emotivamente assumida, por exemplo, que todos os homens são iguais (o que não é verdade), ou com pretensões científicas, por exemplo, que não existem grupos diversos que possam ser chamados de "raças", sem com isso chegar a atitudes necessariamente hostis. Concluiria dizendo que não existe preconceito pior do que o de acreditar não ter preconceitos. Dizia Montesquieu: "Chamo de preconceito não aquilo que faz que se ignorem certas coisas, mas sobretudo aquilo que faz que ignoremos a nós mesmos".[3] Não há nada mais irritante que um antirracismo preconceituoso, que se recusa a levar em conta as reais razões do racismo. Para parafrasear uma afirmação que triste mas injustamente ficou célebre graças a Leonardo Sciascia, convidaria a que desconfiássemos dos profissionais do antirracismo. A mim importa tentar compreender o racismo antes de condená-lo, o que é até bastante fácil, já que o racismo é tão mal-afamado que ninguém se declara publicamente racista (razão pela qual as pesquisas de opinião não são muito confiáveis). Em vez disso, deve-se procurar compreendê-lo, porque, se por "racismo" se entende, numa primeira aproximação, uma atitude de desconfiança para com o outro – e especialmente para o outro que intervém inesperadamente em nossa vida –, há um pouco de racismo em cada um de nós, e não há nada pior que o moralismo barato, pois ele, geralmente, quando é barato, é também hipócrita. Em segundo lugar, e sobretudo, apenas

---

3 Retiro esta citação, assim como outras, do livro de Taguieff já mencionado. O trecho de Montesquieu é citado à guisa de mote no início da p.274.

tentando compreender suas razões é que podemos tentar corrigi-lo e, em hipótese extrema, eliminá-lo.

O racismo não cai do céu, não é uma atitude que se manifeste fora de certas circunstâncias. Não se é racista em geral, em abstrato, com relação a todos os que são diferentes. Diante de certos grupos, podemos ter atitudes de indiferença e em alguns casos também de simpatia ou admiração. A condição preliminar para que surja uma atitude ou um comportamento racista é a entrada em contato direto com o outro, ou melhor, com os outros. O racismo se dirige não tanto para a pessoa singular, diante da qual se pode ter sentimentos de ódio, desprezo ou aversão, quanto para um grupo, ou para um indivíduo pertencente a um grupo. A mais autêntica e persistente forma de racismo conhecida pelos povos europeus é o antissemitismo: os judeus formavam comunidades que viviam em nosso meio, faziam parte do nosso mesmo mundo, não obstante a segregação. Não existem situações de racismo diante de povos ou grupos étnicos com os quais não estejamos em contato direto ou que, ainda que vivam em meio a nós, passam-nos despercebidos. Este é o caso, por exemplo, dos chineses que, em Turim, como em outras grandes cidades italianas, vivem separados, desenvolvendo seu trabalho geralmente em restaurantes, sem circular muito, bem menos do que os assim chamados extracomunitários, que vivem exercendo um pequeno comércio de rua. Além do fato material, já por si só gerador de atritos, e da convivência forçada no mesmo território, a presença do outro é portadora de conflitos pelo único fato de que um estranho entra em nosso espaço principalmente para tentar sobreviver com expedientes lícitos ou ilícitos e, ao assim proceder, ameaça nossos interesses relacionados ao mercado de trabalho. Tanto isso é verdade que as várias formas de racismo odioso não surgem a partir de um grupo de turistas que vêm visitar nossa cidade, ou de pessoas que fazem um trabalho que não concorre com o nosso (é o caso das domésticas filipinas, geralmente elogiadas), ou de povos longínquos com os quais não mantemos qualquer contato. Não me parece que os italianos sejam racistas diante dos esquimós, porém, se centenas de esquimós invadissem nossas cidades à procura de trabalho, rapidamente viriam à tona os costumeiros estereótipos: são sujos, cheiram mal, não têm vontade de trabalhar etc. O racismo, repito, surge como atitude de desconfiança para com o diferente. Mas nem todos diferem do mesmo modo: há diferenças e diferenças.

Se a razão material do surgimento e do desenvolvimento da atitude racista é o contato material, a convivência não procurada, e até mesmo forçada, ou a temida concorrência no mercado de trabalho, a predisposição mental da qual nasce o racismo é o chamado etnocentrismo, que defino, a partir do admirável livro de Tzvetan Todorov, *Nós e os outros*, como aquela atitude de "nós" contra os "outros" que consiste em transformar, de modo indevido, em valores universais, os valores característicos da sociedade a que pertencemos, ainda quando esses valores nascem de costumes locais, particularísticos, com base nos quais é incorreto, para não dizer insensato e até mesmo ridículo, falar em nossa superioridade com respeito aos que pertencem a um grupo étnico de costumes diversos, igualmente particularísticos.[4] Todo povo tende a considerar a si mesmo como civilizado e rejeita os outros povos como bárbaros. A contraposição entre nós, civilizados, e os outros (os não europeus em geral) bárbaros, atravessa toda a história do Ocidente. Este juízo, porém, sofre de uma circular reciprocidade: todo povo é bárbaro para o outro. Os italianos também o são. Seria estranho se não o fossem. Da contraposição entre os gregos que se achavam civilizados, porque livres, e os persas considerados bárbaros, porque se submetiam pacificamente a seus déspotas, derivou a contraposição entre

---

4 T. Todorov, *Noi e gli altri*. La riflessione francese sulla diversità umana. Trad. it. de A. Chitarin, Torino: Einaudi, 1991 (ed. orig. *Nous et les autres*. La réflexion française sur la diversité humaine, Paris: Éditions du Seuil, 1989).

Ocidente e Oriente, o chamado eurocentrismo.[5] A maior parte dos filósofos europeus do século XIX era integrada por eurocentristas: foram eurocentristas tanto Hegel quanto Marx. Existe também um etnocentrismo mitigado, segundo o qual não temos razão alguma para abandonar nossos valores, ainda que eles não pretendam ser universais, fato de que somos conscientes. Deste etnocentrismo menos arrogante, nasce o chamado relativismo cultural. Não existem povos superiores ou inferiores. Cada um tem seus valores e se fixa neles. Uma atitude desse tipo não produz aversão, mas, quando muito, separação.

Fenomenologia e ideologias do racismo

Há diferenças e diferenças, também, com respeito aos comportamentos assumidos diante dos "outros", diante daqueles que consideramos outros para nós, não iguais a nós, tanto que reservamos a eles um tratamento diferenciado. Mas existem escalas de tratamento que dependem seja de qualidades subjetivas, seja de situações objetivas. No grau mais baixo está o simples escárnio verbal (chamar os meridionais de "caipiras", os imigrados africanos de "vô comprá"). Num grau um pouco mais alto está a atitude de evitar, de não querer ter nada a ver com eles, de manter distância, sem porém chegar a atos hostis, a indiferença, o demonstrar uma certa aversão à sua presença, o ato de se afastar quando eles se aproximam, e assim por diante. Mais acima está a discriminação, da qual se inicia propriamente o racismo institucional, desde que por discriminação se entenda o não reconhecimento aos "outros" dos mesmos direitos, antes de

---

5   Sobre o tema do estrangeiro em geral, ver a coletânea de ensaios *Lo straniero, ovvero l'identità culturale a confronto*, Bari: Laterza, 1991, e em particular o ensaio de M. Moggi, "Straniero due volte: il barbaro e il mondo greco", p.51-76, que cita Eurípides, o qual considerava legítimo o domínio dos gregos sobre os bárbaros e não vice-versa.

tudo os direitos pessoais, ou seja, aqueles direitos que pertencem a cada homem como homem, os direitos de liberdade e de propriedade[6] e os principais direitos sociais, a começar da admissão a que possam frequentar a escola obrigatória. À discriminação normalmente se segue a segregação, que consiste em impedir a mistura dos diversos entre os iguais, a sua colocação num espaço separado, geralmente em zonas degradadas da cidade, a constrição a viver exclusivamente entre eles, impedindo-lhes a assimilação: o diferente deve permanecer diferente. O último grau é o da agressão, que começa de modo esporádico e casual contra alguns indivíduos e chega ao extermínio premeditado e de massa.

Dos primeiros aos últimos graus há um verdadeiro salto qualitativo. Mas entre uns e outros se infiltra alguma coisa, que não é mais apenas o racismo como atitude espontânea e irrefletida diante do outro que se insere sem ser chamado em tua comunidade e ameaça teu posto de trabalho ou até mesmo a tua identidade. Infiltra-se o racismo como ideologia, isto é, como doutrina consciente e argumentada, que pretende estar baseada em dados de fato e ser cientificamente demonstrável, e pode até mesmo se transformar numa completa, ainda que perversa, visão de mundo. A diferença entre o racismo como reação natural à invasão incômoda e ameaçadora do outro e o racismo como ideologia é tão grande que Todorov propõe até mesmo que eles sejam chamados com dois nomes distintos: *racisme* o primeiro e *racialisme* o segundo. Infelizmente, não se faz esta distinção no linguajar comum, donde derivam falsas respostas e remédios não adequados. Quando se põe a questão de saber se os italianos são racistas, está-se referindo ao

---

6 Sobre esta distinção fundamental entre direitos da pessoa e direitos de cidadania, bem conhecida dos juristas, mas não tão clara geralmente aos sociólogos, chama nossa atenção L. Ferrajoli no ensaio "Cittadinanza e diritti fondamentali", *Teoria política*, n.3, 1993, p.63-76; depois, mais amplamente, em Dai diritti del cittadino ai diritti della persona, incluído no volume organizado por D. Zolo, *La cittadinanza. Appartenenza, identità, diritti*, posfácio de S. Rodotà, Roma, Bari: Laterza, 1994, p.263-92.

primeiro sentido da palavra. Se se pergunta, em vez disso, se há um racismo na tradição do pensamento italiano, está-se referindo sobretudo ao segundo sentido. Uma coisa é perguntar qual é o comportamento dos italianos diante dos estrangeiros em geral, dos imigrados em particular, outra coisa é perguntar se existem, na história do pensamento italiano, doutrinas racistas, como existiram na França e na Alemanha.

Para que se possa falar de ideologia (ou teoria) racista, são necessárias as seguintes três condições, que podemos definir como os postulados do racismo como visão de mundo:

1. A humanidade está dividida em raças diversas, cuja diversidade é dada por elementos de caráter biológico e psicológico, e também em última instância por elementos culturais, que, porém, derivam dos primeiros. Dizer que existem raças significa dizer que existem grupos humanos cujos caracteres são invariáveis e se transmitem hereditariamente. A veracidade dessa doutrina encontrou muitos defensores no passado. Não é o caso de discutir seu fundamento científico, porque ela é somente um dos postulados da ideologia racista, cientificamente infundado mas relativamente inócuo, já que, do ponto de vista da ação prática, dele derivam apenas uma política de separação e a condenação da mestiçagem.

2. Não só existem raças diversas, mas existem raças superiores e inferiores. Com essa afirmação, a ideologia racista dá um passo avante. Mas fica diante da dificuldade de fixar os critérios com base nos quais se pode estabelecer com certeza que uma raça é superior a outra. Os critérios de tempos em tempos adotados podem ser estéticos: "Nós somos bonitos e eles feios"; ou intelectuais: "Nós somos inteligentes e eles não"; ou morais: "Nós somos bondosos e eles são malvados". Frequentemente, nas ideologias racistas, há uma mistura desses três critérios. Este segundo postulado também não tem

consequências em si mesmas negativas. De fato, pode-se sustentar que, uma vez acertado um relacionamento entre superior e inferior, o primeiro tem o dever, precisamente por ser superior, de proteger o inferior, de treiná-lo, de educá-lo, de ajudá-lo a chegar aos mais altos graus dos valores, de que o superior se considera portador. É essa a relação entre pais e filhos. Na história das instituições políticas, existe uma forma de governo chamada paternalismo, segundo a qual se reconhece que o soberano é superior a seus súditos, comparados a filhos menores, e precisamente por isso deve se comportar perante eles como um pai amoroso e benéfico.

3. Não só existem raças, não só existem raças superiores e inferiores, mas as superiores, precisamente porque são superiores, têm o direito de dominar as inferiores, e de extrair disso, eventualmente, todas as vantagens possíveis. A justificação do colonialismo se serviu sobretudo do segundo princípio: há não muitos anos, a União Soviética justificou a agressão ao Afeganistão sustentando que era seu dever dar uma ajuda fraterna ao povo vizinho ameaçado por inimigos poderosos. No entanto, o racismo jamais renunciou ao uso do terceiro princípio. Não há necessidade de ler o *Mein Kampf* de Hitler para encontrar frases em que se afirma peremptoriamente que as raças superiores devem dominar as inferiores, porque já no tempo do colonialismo triunfante havia quem dizia, como o historiador e filósofo Ernest Renan, que a conquista de um país de raça inferior por parte de uma raça superior não tem nada de inconveniente.[7] Mas foi apenas com o advento ao poder de Hitler que se formou pela primeira vez na história da Europa civilizada "um Estado racial":[8]

---

7 Extraio esta passagem do livro de Todorov, cit., p.131, originariamente in E. Renan, *La reforme intellectuelle et morale en France*, v.1, p.390.

8 Assim foi intitulado o livro de M. Burleigh, W. Wippermann, *Lo stato razziale*. Germania (1933-1945). Milano: Rizzoli, 1992.

um Estado racial no mais pleno sentido da palavra, pois a pureza da raça devia ser perseguida não só eliminando indivíduos de outras raças, mas também indivíduos inferiores fisicamente ou psiquicamente da própria raça, como os doentes terminais, os prejudicados psíquicos, os velhos não mais autossuficientes.

A distinção entre comportamento racista e ideologia do racismo está presente há anos, porque na Itália temos muito o que fazer sobretudo com o primeiro. Não existe uma verdadeira ideologia racista italiana: mesmo durante a campanha racial antijudaica do fascismo, foram escassas as tentativas de aclimatar em nosso país as ideologias racistas surgidas em outros lugares. Na Itália existe até agora aquele "rumor" de que falei no início. Se há um problema relativo ao racismo na Itália, ele existe sobretudo no que diz respeito ao racismo espontâneo. Na Itália não existem sequer partidos racistas, tal como na França (Le Pen) e na Alemanha (os *Republikaner*).[9] É bem verdade que não há necessidade de um partido racista para que nasça o racismo, mas é inegável que a formação de um semelhante partido o reforça. Não há necessidade de uma ideologia racista para que surjam conflitos raciais. O conflito racial é inevitável onde quer que entrem em contato, mediante uma imigração de massa, por exemplo, populações diversas por costumes, língua, tradições, religião. Para acender o conflito, basta o preconceito, que, como se disse, enraíza-se em todo homem, ainda que não baste combater o preconceito para resolver os conflitos étnicos, que explodem praticamente em todos os países com altas taxas de imigração, e não teriam por que poupar a Itália.

---

9 L. Balbo, L. Manconi, *I razzisti reali*, Milano: Feltrinelli, 1992, p.89. Dos mesmos autores, beneméritos promotores da Associazione Italia-Razzismo, ver também *I razzismi possibili*, Milano: Feltrinelli, 1990.

Por uma educação universalista

Para controlar, senão mesmo para evitar totalmente, a irrupção de conflitos étnicos, faz-se necessária uma política de imigração, sobre a qual creio não ter de me deter, pois escapa do tema a que me propus e também, reconheço, da minha específica competência. Limito-me a dizer que as políticas de imigração se colocam entre dois extremos: o extremo da assimilação, que leva à progressiva homologação dos imigrados aos habitantes históricos da região onde são acolhidos, por meio do gradual reconhecimento dos chamados direitos de cidadania, dentre os quais o principal é o direito político – a distinguir, de todo modo, dos direitos pessoais, que em todo Estado de direito deveriam ser reconhecidos a todos, e o extremo do respeito pelas diferenças, que conduz, ao contrário, a que se consinta ao imigrado, na forma mais ampla possível, a conservação daquilo que o torna diverso, a própria língua, os próprios ritos, os próprios costumes (recorde-se o debate ocorrido na França sobre o uso do chador na escola pelas estudantes muçulmanas). Entre os dois extremos podem existir soluções de compromisso, que dependem de múltiplos fatores que variam de país para país. A escolha entre as duas soluções extremas depende também da maior ou menor força dos preconceitos recíprocos dos dois sujeitos do conflito.

Não há outro caminho para combater o preconceito racial senão uma educação orientada por valores universais.[10] São muitas as formas de universalismo dos valores, pelo qual, não

---

10 Veja-se o volume, organizado por L. Operti, L. Cometti, *Verso un'educazione interculturale*, promovido pelo IRRSAE Piemonte e publicado por Bollati Boringhieri, Torino, 1992, uma coletânea de escritos gerais e específicos sobre as "outras culturas" e sobre a situação dos imigrados em Turim. Ver também: F. Crespi, R. Segatori, *Multiculturalismo e democrazia*, Roma: Donzelli, 1996; e A. Agosti (Org.), *Intercultura e insegnamento*. Aspetti teorici e metodologici, Torino: Società Editrice Internazionale, 1996.

obstante as diferenças de raça, de tradições e de gerações (a diferença geracional se soma a todas as outras e não é de modo algum desprezível), há uma humanidade comum que ultrapassa todas as diferenças de tempo e de lugar: começando do cristianismo, passando pelas doutrinas do direito natural, para chegar à moral kantiana que é, na sua máxima fundamental – "Respeite o homem como pessoa" – um cristianismo racionalizado. Não excluiria dessas morais universalistas a ética dos "sentimentos morais" dos empiristas ingleses. Concepções éticas universalistas são aquelas que têm como meta última da história, ainda que ideal, a formação da *civitas maxima*, a cidade de todos, e tendem a fazer de todo homem um cidadão do mundo, por sobre todas as pátrias. É o ideal que inspirou a fundação das Nações Unidas depois do massacre da Segunda Guerra Mundial. Uma das mais altas expressões deste universalismo foi a Declaração Universal dos Direitos do Homem, mediante a qual todo indivíduo se torna potencialmente sujeito do direito internacional.

Educação universalista e democracia, de resto, procedem no mesmo passo, enquanto democracia e racismo são incompatíveis, ao menos por duas razões: a democracia, diferentemente dos governos autocráticos, inspira-se em princípios universais, como a liberdade, a justiça, o respeito pelo outro, a tolerância, a não violência. O racismo é antiliberal, anti-igualitário, intolerante e, nos casos extremos, violento e criminoso (Auschwitz nos ensina!). Em segundo lugar, a democracia é inclusiva, na medida em que tende a incluir na própria área os "outros" que estão fora, para estender também a eles os próprios benefícios, dos quais o primeiro é o respeito a todas as fés. O processo de democratização, do século XIX aos dias de hoje, foi um processo gradual de inclusão de indivíduos que antes estavam excluídos. Que, depois, não se tenha podido incluir todos, assim como não se pode tolerar tudo e todos, é um problema prático que deve encontrar soluções adaptadas às diversas circunstâncias.

Mas uma democracia não pode ser "exclusiva" sem renunciar à própria essência de "sociedade aberta".

Para nos convencermos da substancial unidade da espécie humana, não é preciso imaginar argumentos filosóficos. Basta olhar o rosto de uma criança em qualquer parte do mundo. Quando vemos uma criança, que é o ser humano mais próximo da natureza, ainda não modelado e corrompido pelos costumes do povo em que está destinado a viver, não percebemos nenhuma diferença, senão nos traços somáticos, entre um pequeno chinês, africano ou índio e um pequeno italiano. Quando vemos uma mãe somaliana que chora sobre o filho morto ou reduzido a um esqueleto, conseguimos por acaso ver uma mãe diferente das outras mães? Aquele choro não se assemelha ao choro de todas as mães do mundo? Não há melhor prova desta substancial e originária igualdade que o fenômeno sempre mais amplo da adoção de crianças que pertencem a sociedades completamente diversas da nossa, e diante das quais, num relacionamento entre adultos, em determinadas condições, poderiam nascer atitudes de aversão racial.

Mas a educação universal não é suficiente se não se transforma em ação correspondente. Não basta a educação, mas também não bastam as instituições políticas. Torna-se sempre mais necessária a ação a partir de baixo. Neste ponto, abre-se o tema atualíssimo do voluntariado, sobre o qual se começa a refletir depois da crise, ou melhor, da degeneração, do Estado social. As instituições não estiveram até agora à altura da situação. Não há outro remédio contra a insuficiência do Estado senão o surgimento de iniciativas na sociedade civil. Assistimos quase que a um verdadeiro retrocesso histórico: o Estado social surgiu para tornar inúteis as obras de caridade. Mas hoje que o Estado social se revelou impotente para a tarefa, as obras de caridade revelam toda a sua jamais extinta vitalidade.

Seja como for, voluntariado e instituições deveriam proceder no mesmo passo, pois ambos são necessários e se integram

Elogio da serenidade

reciprocamente. Cada um deles em seu próprio âmbito. O voluntariado nas obras de auxílio dirigidas aos indivíduos como tais. As instituições na elaboração de uma política de imigração que evite o conflito étnico ou ao menos o torne menos áspero.[11]

---

11 No que diz respeito ao crescente interesse pelas instituições do voluntariado, indico alguns livros recentes: *Volontari, volontariato. Immagini*, com textos de N. Bobbio, C. De Giacomi, Città di Castello: Petruzzi Editore, 1994; S. Gawronski, *Guida al volontariato. Un libro per chi vuol cominciare*, Introdução de Gianfranco Bettin, Torino: Einaudi, 1997; B. Tomai, *Il volontariato. Istruzioni per l'uso*, com contribuições de C. Ranci, M. Campedelli, D. Bidussa, G. Pescarolo, Milano: Feltrinelli, 1994.

Parte III

5
Verdade e liberdade

É um velho e gasto, ainda que cômodo, argumento dos intolerantes a afirmação de que não se pode ser tolerante sem ser cético. O médico judeu Gamaliel, que aconselhou seus cidadãos a não perseguirem os apóstolos (Atti, V, 33-9), exaltado como herói da tolerância nas controvérsias religiosas do século XVI, foi chamado por Calvino de "cético, cego que tateia nas trevas".[1] O objetivo deste meu texto é refutar o argumento, enumerando algumas razões (não pretendo enumerar todas) segundo as quais se pode ser tolerante sem se ser cético. Falamos, aqui, de tolerância entre filósofos: mas quem percorreu a história da liberdade religiosa sabe que, em seu nascimento, nos séculos XVI e XVII, a ideia da tolerância não foi um produto da indiferença religiosa, mas, quando muito, de uma fé não imposta mas livremente professada. Para que se possam ver reunidas tolerância e incredulidade é preciso que se chegue, talvez, aos iluministas, mais que a Pierre Bayle.

---

1 Extraio a citação de J. Leclerc, *Histoire de la tolérance au siècle de la Réforme*, Paris: Aubier, 1955, v.1, p.337.

Antes de tudo, gostaria de me desvencilhar de uma objeção preliminar: muitos afirmam que, nas relações entre as filosofias, diferentemente do que ocorre nas relações entre as confissões religiosas, que se dirigem não a poucos iniciados mas às grandes massas, haveria lugar para todos, e portanto o problema da tolerância, que é de convivência, nem sequer se colocaria. Se essa objeção tivesse fundamento, nossa discussão seria perfeitamente inútil. Não creio que a objeção tenha fundamento. Para começar, não é verdade que nas relações entre filósofos haja em todas as situações lugar para todos: para dar um exemplo, fictício mas não muito, em que as disputas entre filósofos referem-se a bens de quantidade limitada, como as cátedras universitárias, o problema da intolerância é bem vivo. Em segundo lugar, parece-me existir um pressuposto tácito em toda a nossa discussão, qual seja, o de que dizemos "filosofia" mas entendemos "ideologia", isto é, referimo-nos àquela concepção global da vida que está subjacente, ou se supõe que esteja, a todo grande movimento político e social, e neste caso a diferença acima notada com a tolerância religiosa perde força. Quando, dizendo marxismo, pensamos nos movimentos socialistas, dizendo espiritualismo pensamos nos partidos de inspiração cristã, dizendo empirismo ou pragmatismo pensamos nos movimentos de democracia laica e radical, não há como afirmar que haja lugar para todos; quem assim o fizesse estaria dando como resolvido, sem discussão, um dos problemas mais graves do nosso tempo.

Distingo os argumentos em favor da tolerância em duas séries, conforme se baseiem numa concepção monista ou pluralista da verdade. E em cada uma das duas séries considero quatro argumentos.

1. O primeiro argumento que me vem à mente está bem longe do ceticismo. Pode ser formulado do seguinte modo: "Sou tolerante diante das doutrinas alheias porque creio na força

expansiva da verdade". Para quem se vale desse argumento, há apenas uma verdade, a própria, a daqueles que pensam como eu. As doutrinas alheias são erros. Mas as nuvens de erro que escurecem as mentes se dissiparão, se dissolverão, e o sol da verdade terminará, cedo ou tarde, por triunfar. Por que, então, tentar impedir o erro mediante a perseguição? Isso não seria talvez uma inútil e perigosa correção de um desenho histórico preestabelecido? Tal afirmação é favorecida por uma concepção otimista da história, seja que a história venha concebida como dirigida pela Providência divina ou por um Espírito imanente. Frequente na história da tolerância religiosa, sobretudo por obra dos heréticos isolados que tiravam sua força da confiança no Reino de Deus, este argumento, na história da liberdade filosófica, nos faz pensar na concepção romântica da história, tão bem representada, na Itália, por Croce e por sua teoria da história como história da liberdade, segundo a qual a liberdade está destinada a vencer, pois vence mesmo quando está sucumbindo. Contra ela, um pessimista como Gaetano Mosca vivia repetindo que a doutrina segundo a qual a liberdade é um remédio para si própria faria que os pósteros zombassem de nós, tão ingênua e despreparada era ela. Recordo a anedota de De Sanctis, contada por Croce: a De Sanctis, quando prisioneiro, vivia cantando o refrão "Sempre vence, sempre vence, e mesmo perdendo ainda vence". Um belo dia, foi abordado pelo comissário: "Quem é que vence afinal?"; o prisioneiro responde: "Imbecil! Não compreendes que quem sempre vence, ainda quando perde, é a Liberdade?".[2]

2.   Pode-se acreditar que a verdade seja única, e que eu a possua, mas que não esteja destinada a superar o erro a não ser à custa de muito trabalho e risco. Trata-se, aqui, de saber se o método para fazer triunfar a verdade em que acredito é o recurso

---

2   B. Croce, *Cultura e vita morale*, 2. ed., Bari: Laterza, 1926, p.288.

à persuasão ou à força, à refutação do erro ou à perseguição de quem erra. Aquele que escolhe a primeira estrada é tolerante. Mas quem ousaria dizer que ele renunciou à própria verdade mais do que aquele que segue a segunda estrada? No fundo, ele renunciou simplesmente a empregar um certo modo de fazer que a verdade se afirme. E é uma renúncia que revela – ainda que prescindindo de toda avaliação moral –, junto com uma disposição mais benévola para com a inteligência do interlocutor, também uma maior confiança nas próprias ideias, e não o contrário. A substituição do método da persuasão pelo método da força foi um tema recorrente desde o início na história da Reforma. Foi expresso de forma exemplar na *Utopia* de Thomas More com estas palavras:

> Quanto ao emprego da violência e de ameaças para constranger alguém a adotar a mesma crença que outrem, pareceu-lhe tirânico e absurdo. Utopus previa que se todas as religiões fossem falsas, à exceção de uma, tempo viria em que, com o auxílio da doçura e da razão, a verdade se destacaria espontaneamente, luminosa e triunfante, da noite do erro.[3]

Em filosofia, estamos tão de acordo com a noção de tolerância entendida como renúncia ao braço secular para fazer valer as próprias ideias que é completamente inútil insistir nela. Porém, se desejarmos uma citação, busco apoio em Locke:

> Na realidade, a verdade bastaria a si mesma se fosse de vez deixada modificar-se por si mesma. Ela não recebeu, e jamais receberá, muita assistência do poder dos homens importantes, que nem sempre a reconhecem ou a acolhem bem. Ela não necessita da força para instalar-se no espírito dos homens, nem é ensinada pelo intérprete das leis. São os erros que prevalecem por meio de auxílio alheio e externo. Se a verdade não conquista

---

3 T. More, *A utopia*. São Paulo: Abril, 1972, Os Pensadores, v.X, p.296.

o entendimento por si mesma e por sua própria luz, não pode fazê-lo por nenhum reforço estranho.[4]

Devo duvidar que os filósofos têm sido de fato fiéis a essa regra, mesmo em tempos recentes, quando lembro que um filósofo que aprecio muito, Piero Martinetti, sentiu-se obrigado a pronunciar num congresso de filosofia as memoráveis palavras: "Eu não podia tornar-me executor de um decreto de excomunhão – eu, filósofo, cidadão de um mundo no qual não existem perseguições nem excomunhões".[5]

3.   A verdade é única e é a minha. Não está destinada a triunfar sobre o erro, nem por uma lei providencial da história (primeira tese), nem pela maior intensidade de sua força persuasiva (segunda tese): o erro está destinado a sobreviver ao lado da verdade. Eu o aceito em nome de um princípio moral: o respeito pela pessoa alheia. Aparentemente, é um caso de conflito entre razão teorética e razão prática, entre lógica da razão e lógica do coração. Na realidade, é um conflito entre dois princípios morais: a moral da coerência que me levaria a pôr minha verdade acima de qualquer coisa, e a moral da benevolência, do respeito. O princípio da liberdade de consciência, que acabou por sair vitorioso das guerras religiosas, nasceu daqui, não da indiferença, mas do sentimento profundo de que em todo homem há algo de inatingível e de inviolável, aquilo que se dizia ser o sacrário da consciência. No *Heptaplomeres*, de Jean Bodin, os sete sábios que tomam parte na discussão, depois de terem exposto cada um a sua própria ideia, decidem, em homenagem à liberdade de consciência, abster-se dali em diante de toda discussão sobre

---

4   J. Locke, *Carta acerca da tolerância*. Trad. bras., São Paulo: Abril, 1973, Os Pensadores, v.XVIII, p.26.

5   P. Martinetti, "I congressi filosofici e la funzione religiosa e sociale della filosofia", *Rivista di Filosofia*, v.XXXV, p.102, 1944.

coisas religiosas, ainda que conservando cada um a própria fé. Hoje, com a difusão de concepções personalistas da filosofia, este ponto de vista deveria ter se tornado familiar. Leio em Mounier: "Cessar de me pôr do meu ponto de vista para me pôr do ponto de vista dos outros. Não me aproximar de alguém semelhante a mim; não conhecer o outro como um saber de caráter geral, mas abraçar sua singularidade do fundo da minha singularidade, num ato de aceitação e num esforço de reaproximação".[6] Há, portanto, um aspecto do personalismo moral a que convém a postura da tolerância, e ele pode ser expresso na seguinte máxima: "Aja conforme a consciência e faça que os outros não sejam induzidos a agir contra a consciência". Uma máxima como essa visa salvar a verdade sem fazer dela um instrumento de condenação ou de perdição do erro alheio.

4.   Desde que a tolerância é uma atitude prática, ao lado das razões morais podem existir razões de natureza utilitária: a tolerância como mal menor. São razões que mudam segundo a diversa proporção das relações de força entre mim, minha seita ou minha escola, detentora da verdade, e os outros, imersos no erro. Se sou o mais forte, aceitar o erro pode ser um ato de astúcia: a perseguição provoca escândalo, o escândalo amplia a mancha que eu gostaria de manter oculta, o erro se propaga mais na perseguição que no silêncio. Se sou o mais fraco, suportar o erro é um ato de prudência: rebelando-me, serei esmagado, e a pequena semente seria desperdiçada. Também aqui a esperança é que o silêncio frutifique mais do que o gesto de desespero ou de revolta. Se somos equivalentes, entra em jogo o princípio da reciprocidade, e a tolerância se torna então um ato de justiça interpessoal: no momento em que me atribuo o direito de perseguir os outros, atribuo aos outros, sem

---

6   E. Mounier, *Le personnalisme*, Paris, 1950, p.39-40 (*Il personalismo*. Trad. it. de A. Cardin, Roma: AVE, 1989).

desejá-lo, o direito de me perseguirem. Hoje a você, amanhã a mim. Em todos os três casos, a tolerância é um cálculo que nada tem a ver com meu modo de conceber a verdade.

As atitudes até aqui consideradas são mais frequentes na controvérsia religiosa ou ideológica que na filosófica estritamente entendida. A fé exclusiva que leva a uma separação clara entre verdade e erro é bem mais própria do homem religioso. O filósofo está aberto à dúvida, está sempre em marcha; o porto a que chega é apenas a etapa de uma viagem sem fim, e é preciso estar sempre pronto para zarpar de novo. Entre a pesquisa do homem de fé e a pesquisa do homem de razão há a seguinte diferença: o primeiro busca aquilo que já encontrou, o segundo não encontra sequer aquilo que procura mais intensamente. Mas o que não é exclusivismo não é necessariamente ceticismo. Se por exclusivismo entendemos a atitude segundo a qual apenas uma doutrina é verdadeira, e por ceticismo a atitude segundo a qual nenhuma doutrina é verdadeira, entre um e outro há lugar para a atitude segundo a qual podem ser muitas as doutrinas verdadeiras. Até agora, consideramos alguns aspectos de uma concepção exclusiva da verdade. De agora em diante, consideraremos alguns aspectos da concepção que podemos chamar, por contraposição, de inclusiva, segundo a qual a verdade não é una, mas múltipla. Para as primeiras, a tolerância pode ser, como vimos, um expediente, um mal menor; para as segundas, é algo bem mais importante, é uma condição necessária para a vida e para o desenvolvimento do pensamento filosófico, e, nela, filosofia da liberdade e liberdade da filosofia, antes de estarem em contraste, encontram sua perfeita integração.

1. Consideremos em primeiro lugar a atitude, bastante frequente, segundo a qual só se chegaria à elaboração de uma concepção total da realidade a partir da manipulação de várias

doutrinas, aparentemente opostas, para concilia-las, fundi-las ou confundi-las numa só. Empregando um nome derivado das controvérsias religiosas, chamamos esta atitude de "sincretismo". Se a exclusividade pode ser tolerante por cálculo, o sincretista é tolerante por necessidade: diante das grandes controvérsias filosóficas ou ideológicas, só encontra paz na convicção de que elas são completamente vazias. Mas, precisamente porque esta demonstração é possível, é necessário que cada doutrina se exprima, se manifeste, se encontre e se choque com as doutrinas opostas. Na época da Reforma, o sincretismo foi, como se sabe, um dos ideais do humanismo cristão, do irenismo erasmiano. Se lançarmos um olhar sobre a filosofia contemporânea, eu seria inclinado a considerar como produtos mais ou menos duradouros e sábios da combinação sincretista a conciliação do idealismo com o espiritualismo, do idealismo com o existencialismo, do existencialismo com o espiritualismo; depois, do marxismo com o pragmatismo, do neopositivismo com o historicismo, e por último do marxismo com o neopositivismo. Assistimos, nos anos da mais apaixonada busca de um ponto de encontro num mundo despedaçado, à mais temerária das operações sincretistas: a conciliação do comunismo com o cristianismo, e algumas vezes até mesmo, em termos mais estritamente filosóficos, do marxismo com o tomismo. O sincretista poderá ser acusado de fazer misturas impuras, mas não é um cético. Antes disso, se eventualmente podemos lhe fazer um reparo, é o de que ele acredita demais, e não de menos, que tem um excesso de confiança, e não uma escassez, na verdade dos outros.

2.   Diverso do sincretismo é o ecletismo. Para o ecletismo, em todo sistema a verdade está misturada ao erro; portanto, nenhum sistema tem o privilégio de ser verdadeiro em si mesmo, e nenhum pode ser visto como totalmente falso. Está bem mais próximo da verdade aquele que não refuta nada do que foi dito pelas várias escolas, mas é capaz de recolher com sabedoria

e preservar o grão de verdade contido em cada uma delas. Ao passo que o sincretista visa à mescla de dois ou mais sistemas, o eclético visa à organização de um novo sistema mediante a composição dos fragmentos de verdade onde quer que eles se encontrem. Como é sabido, o desenvolvimento do ecletismo está estreitamente vinculado à história do liberalismo: com sua teoria do justo meio entre racionalismo e empirismo, entre monarquia e burguesia, Cousin proclamou-se ao mesmo tempo, e pela mesma razão, filósofo do ecletismo e teórico do liberalismo moderado na época da Restauração. Mas a tolerância do ecletismo não deriva da indiferença, como no ceticismo, mas da crença em que exista um pouco de verdade em toda doutrina e a verdade seja fruto de um compromisso ou de uma harmonização de doutrinas diversas. Na controvérsia ideológica que temos hoje em dia sob os olhos, eu tenderia a considerar como ecléticas, embora com alguma hesitação, as várias posições que têm sido chamadas de "terceira via", e como sincretistas as posições do cristianismo marxistizante. Sincretismo e ecletismo, surgidos respectivamente no período das guerras religiosas e depois das guerras napoleônicas, exprimem uma exigência irenista, conciliatória. Não por acaso, a convulsão provocada pela Segunda Guerra Mundial deu origem a algumas encarnações bem evidentes de um e de outro.

3.   Uma terceira posição, amplamente difundida sobretudo na filosofia contemporânea, pode ser assim formulada: "As doutrinas são necessariamente muitas e todas são verdadeiras: mas cada uma é verdadeira em seu tempo e lugar". É a tese do historicismo: distinta tanto do sincretismo quanto do ecletismo, os quais têm em comum a convicção de que a verdade total é sempre a resultante, a combinação ou a soma de várias verdades parciais. Para o historicismo, toda verdade é, numa dada situação histórica, a única verdade, mas como as situações históricas mudam, a verdade muda com elas: *"veritas filia temporis"*

"a verdade é filha do tempo". Deve-se distinguir duas versões do historicismo: o historicismo absolutista e o relativista. O historicismo absoluto, que combina a afirmação da historicidade da verdade com a afirmação da racionalidade da história, pela qual todo estágio inclui o precedente e é incluído pelo seguinte, deveria conduzir, a rigor, bem mais à intolerância: quem está convencido de encarnar um momento necessário do desenvolvimento do Espírito absoluto acabará por se arrogar o direito de pisotear aqueles que bloqueiam seu caminho. Mas frequentemente a idealização da história é corrigida por uma concepção dialética da verdade, segundo a qual toda doutrina historicamente dada é parcial e a verdade nasce do contraste e da síntese dos opostos. Doutrina de tolerância é, em vez disso, o historicismo relativista, para o qual a afirmação da historicidade da verdade não implica uma concepção providencial da história: as várias doutrinas convivem em diversos planos nos diversos ambientes sociais, numa relação não de exclusão, mas de recíproca integração. Do ponto de vista da filosofia da história, o historicismo relativista substitui a sociologia do conhecimento. A versão popular do historicismo relativista é o prospectivismo: pense-se no nexo estreito entre prospectivismo e teoria democrática num dos mais conhecidos teóricos da democracia liberal no pensamento contemporâneo, Hans Kelsen.

4. A tentativa mais radical de aceitar a multiplicação ao infinito das verdades e ao mesmo tempo de refutar a solução cética é o personalismo, segundo o qual toda verdade é pessoal, tem um particular sigilo que consiste no fato de ser sempre a revelação de um ser pessoal, que é ao mesmo tempo total e singular. Das duas versões do personalismo, a espiritualista acentua mais a totalidade, a existencialista mais a singularidade, mas, com respeito ao nosso problema, que é o da tolerância, ambas produzem as mesmas consequências.

Que a verdade seja pessoal significa, no fim das contas, que a multiplicidade das verdades é justificada pela multiplicidade e pela irredutibilidade das pessoas. Toda verdade vem ao mundo por intermédio que lhe imprime uma marca, e cada um desses seres é irredutível aos demais. Desde que esse ser é o único órgão da verdade, disso se segue que as verdades são muitas, infinitas, e todas validamente propostas: o que significa, em outras palavras, que todas são dignas de serem ouvidas. O personalismo ontológico, ao qual nos referimos aqui, não deve ser confundido com a forma mais comum de personalismo, que é o personalismo ético, ao qual já acenamos. De resto, são diversos os argumentos que um e outro mobilizam em favor da tolerância: segundo o personalismo ético, a tolerância é um dever moral e é devida pelo respeito à pessoa, independentemente da verdade por ela professada; segundo o personalismo ontológico, a tolerância é devida pelo próprio respeito à verdade, que no momento em que é revelada pela pessoa a transcende e se abre à verdade dos outros. Pense-se na importância que tem para Jaspers, na teoria da verdade, a vontade de comunicação: a concepção da verdade como revelação do indivíduo singular pode conduzir à solução mística da incomunicabilidade ou à solução personalista da comunicação. A multiplicidade irredutível das verdades é corrigida, por assim dizer, pela vontade de comunicação, e somente onde a comunicação falha começa o silêncio.

Procurei mostrar que existem muitas razões pelas quais se pode ser tolerante sem ser cético. Creio que não seria difícil mostrar o reverso da medalha: ou seja, as razões pelas quais algumas vezes se pode ser ao mesmo tempo cético e intolerante. Quem não acredita na verdade, será tentado a remeter toda decisão, toda escolha, à força, segundo o princípio de que, desde que não se pode ordenar aquilo que é justo, é justo aquilo que é ordenado. Giuseppe Rensi, num capítulo de seu livro *A filosofia da autoridade*, intitulado precisamente "Ceticismo e autoridade", escrevia, à guisa de epígrafe de seu discurso:

> O ceticismo funda uma filosofia da autoridade: uma filosofia da autoridade só pode encontrar base no ceticismo.[7]

---

7 G. Rensi, *La filosofia dell'autorità*: Palermo: Sandron, 1920, p.234-5.

6
Tolerância e verdade

A ideia de tolerância nasceu e se desenvolveu no terreno das controvérsias religiosas. Seus grandes defensores, de Locke a Voltaire, combateram todas as formas de intolerância que ensanguentaram a Europa durante séculos, depois da ruptura do universalismo religioso por obra das Igrejas reformadoras e das seitas heréticas. Do terreno das controvérsias religiosas, a ideia de tolerância passou pouco a pouco para o terreno das controvérsias políticas, ou seja, do contraste entre aquelas formas de religião moderna que são as ideologias. O reconhecimento da liberdade religiosa deu origem aos Estados não confessionais; o reconhecimento da liberdade política, aos Estados democráticos. Um e outro destes reconhecimentos são a mais alta expressão do *esprit laïque* que caracterizou o nascimento da Europa moderna, entendendo-se este espírito laico como aquele modo de pensar que confia o destino do *regnum hominis* mais à razão crítica que aos impulsos da fé, ainda que sem desconhecer o valor de uma fé sinceramente experimentada mas confiando a adesão a ela à livre consciência individual.

Não obstante o reconhecimento que o princípio de tolerância obteve como regra de convivência e, portanto, como regra prática, ele está obrigado a se defender continuamente, no plano teórico, da acusação de ser expressão de indiferença religiosa, se não mesmo de mentalidade irreligiosa. Na *Instruction pastorale*, Bossuet designa a tolerância, reprovando-a, como indiferença pela religião (que é uma só, e é a única verdadeira). Em toda tradição da doutrina da Igreja, o termo "tolerância" é entendido em sentido limitativo, como "aceitação", por razões de conveniência prática, de um erro. Ao passo que o respeito é dirigido àquilo que se considera um bem, a tolerância é exercida perante aquilo que se considera um mal, mas que por razões de prudência não se impede, ainda que se possa impedir.

Não está dito que este significado limitativo, ou mesmo negativo, de tolerância pertença apenas à tradição do pensamento religioso. No início do século XX, houve na Itália um debate entre dois escritores italianos de cultura laica. Luigi Luzzatti havia escrito um livro de elogio da tolerância, intitulado *A liberdade de consciência e de ciência* (1909), na medida em que considerava a tolerância, com razão, como princípio inspirador do Estado liberal, como o princípio que havia consentido a afirmação filosófica e o reconhecimento jurídico dos direitos de liberdade, *in primis* o direito de liberdade religiosa e o direito de liberdade de opinião. Foi retrucado pelo maior filósofo da época, Benedetto Croce, que tomou a defesa da intolerância sustentando que a tolerância é um princípio prático, mas não é por si mesmo um bem em sentido absoluto e vale o quanto vale, e nem sempre vale, e afirmando com força, de uma maneira que a muitos pareceu escandalosa, que entre os tolerantes "nem sempre estiveram os espíritos mais nobres e heroicos. Muitas vezes estiveram os falastrões e os indiferentes. Os espíritos vigorosos matavam e se faziam matar". Concluía: "Bela palavra, a tolerância! Na vida ninguém é tolerante, porque cada um tem algo a defender, e se não elevamos mais aos céus as nossas preces, é porque nossos costumes não o permitem mais".[1]

Observe-se como um filósofo laico, como Benedetto Croce, atribui à tolerância o mesmo significado negativo que lhe atribui a doutrina católica tradicional: em ambos os casos, o significado negativo da palavra deriva do fato de ser ela interpretada como expressão de um estado de indiferença diante da verdade, como a atitude de quem não crê em nenhuma verdade e para o qual todas as verdades são igualmente discutíveis. Donde a consequência de que, para o homem de fé, a tolerância somente pode ser praticada como um mal menor, e apenas no caso em que seja estritamente necessária para a defesa mesma da própria verdade. Quando Croce escreve que a tolerância é uma "fórmula prática e contingente", usa as mesmas palavras dos teólogos, talvez sem se dar conta.

Para que a tolerância adquirisse um significado positivo, foi preciso que ela deixasse de ser considerada como uma mera regra de prudência, a aceitação do mal ou do erro por razões de oportunidade prática. Foi preciso que a liberdade de fé ou de opinião, assegurada por uma correta aplicação da regra da tolerância, passasse a ser reconhecida como a melhor condição para fazer que, mediante a persuasão e não a imposição, triunfe a verdade em que se crê. Não está dito, porém, que todos possam compartilhar esta convicção otimista na força expansiva da verdade. Todavia, ainda que tal convicção – sustentada com fervor, por exemplo, por Thomas More na sua descrição da ilha imaginária –, não seja universalmente compartilhada, abre-se a estrada para uma nova razão, ainda mais profunda e eticamente imperiosa, com que se pode defender o princípio de tolerância: o respeito pela consciência alheia. Essa razão baseia-se no princípio universalmente reconhecido pelas nações civis nas declarações dos direitos nacionais e internacionais: o direito à liberdade de consciência.

---

1 B. Croce, *Cultura e vita morale*, Bari: Laterza, 1962, p.100.

A distinção entre tolerância em sentido negativo, como pura aceitação do erro, e tolerância em sentido positivo permite-nos compreender como também se pode falar de intolerância em sentido positivo e negativo. Nem sempre a tolerância é uma virtude. Nem sempre a intolerância é um vício, recordei o que dizia Croce a propósito dos tolerantes que muitas vezes se comportam como tal não por serenidade (*mitezza*), mas por fraqueza. Do mesmo modo que é sempre negativa a intolerância contrária à tolerância positiva, como a constrição das consciências em termos práticos ou como a afirmação dogmática de uma verdade absoluta que não admite objeções em termos teoréticos, assim também nem sempre é negativa a intolerância quando se contrapõe à tolerância negativa, à tolerância do cético, que é a antítese especular da intolerância do dogmático, ou à tolerância do indiferente moral, que é a antítese especular da intolerância do fanático. Naturalmente, é difícil distingui-las na prática, mas deve-se ter sempre presente a distinção.

O problema é habitualmente posto nestes termos: a tolerância tem limites? E, se tem limites, onde devem ser postas as fronteiras? Como não existem sociedades absolutamente intolerantes, também não existem sociedades absolutamente tolerantes: ou se fica no Estado absoluto do Grande Irmão, ou se fica na sociedade igualmente imaginária na qual vale a máxima "Se não há Deus, tudo é permitido". Entre os dois extremos, ambos puramente fantásticos, existem muitos graus intermediários.

Nos anos da contestação juvenil (1968), obteve algum sucesso um ensaio de Herbert Marcuse intitulado *A tolerância repressiva*, o qual condenava a tolerância limitada, que, em sua opinião, era praticada nos Estados Unidos, onde se toleravam apenas as ideias que em seu juízo eram conservadoras ou reacionárias, e se impediam as ideias progressistas, que visavam à transformação radical da sociedade. Marcuse sustentava que se devia refutar "a tolerância perante os movimentos reacionários antes que seja tarde demais", ou seja, antes que seu triunfo levasse à perda da liberdade de todos.[2] O modo em que Marcuse pusera o problema não pode ser considerado satisfatório, porque se funda num critério de distinção entre ideias progressistas e reacionárias, o qual se presta a valorações subjetivas. O núcleo da ideia de tolerância é o reconhecimento do igual direito a conviver que se reconhece a doutrinas opostas, e portanto do direito ao erro, pelo menos ao erro cometido em boa-fé. A exigência da tolerância nasce no momento em que se toma consciência da irredutibilidade das opiniões e da necessidade de encontrar um *modus vivendi* entre elas. Entre tolerância e perseguição, *tertium non datur*. Se é persecutória a tolerância que Marcuse condena e chama de repressiva, não se vê por que não seja persecutória, pelas mesmas razões, a tolerância que ele aprova, ao menos para aqueles que ele exclui. Excluir da tolerância certas ideias com base na distinção entre ideias progressistas e reacionárias é no mínimo perigoso.

Na realidade, o único critério com base no qual se pode considerar lícita uma limitação da regra de tolerância é o que está implícito na ideia mesma de tolerância, que se pode formular brevemente do seguinte modo: todas as ideias devem ser toleradas, menos aquelas que negam a ideia mesma de tolerância. A questão é habitualmente apresentada nos seguintes termos: devem ser tolerados os intolerantes?

Naturalmente, também este critério de distinção, que em abstrato parece claríssimo, na prática não é tão fácil de vigorar como parece.

A razão por que não é tão simples quanto parece ao ser enunciado está no fato de que existem diversas gradações de intolerância e são vários os âmbitos em que a intolerância se pode manifestar. Não pode ser aceito sem reservas por uma razão impossível de ser desprezada: quem acredita na bondade

---

2 H. Marcuse, "La tolleranza repressiva", H. Marcuse, R. P. Wolff & B. Moore Jr., *Critica della tolleranza*, Torino: Einaudi, 1965.

da tolerância o faz não apenas porque constata a irredutibilidade das fés e das opiniões, com a consequente necessidade de não empobrecer com vetos a variedade das manifestações do pensamento humano, mas também porque acredita na sua fecundidade, e julga que o único modo de levar o intolerante a aceitar a tolerância não é a perseguição, mas o reconhecimento de seu direito de se exprimir. Responder ao intolerante com a intolerância pode ser juridicamente lícito, mas é por certo eticamente reprovável e talvez também politicamente inoportuno. Não está dito que o intolerante, uma vez acolhido no recinto da liberdade, compreenda o valor ético do respeito pelas ideias alheias. Mas é certo que o intolerante perseguido e excluído dificilmente se tornará um liberal. Pode valer a pena colocar em risco a liberdade fazendo que seu inimigo também se beneficie dela, se a única possível alternativa é a de restringi-la a ponto de correr o risco de sufocá-la ou pelo menos de não lhe permitir dar todos os frutos. Melhor uma liberdade sempre em perigo mas expansiva que uma liberdade protegida mas incapaz de evoluir. Somente uma liberdade em perigo é capaz de se renovar. Uma liberdade incapaz de se renovar acaba por se transformar, cedo ou tarde, numa nova escravidão.

A escolha entre as duas atitudes é uma escolha última, e como todas as escolhas últimas não tem como ser sustentada apenas com argumentos racionais. Existem situações históricas que podem favorecer ora uma, ora outra. Devemos nos contentar em dizer que a escolha de uma ou de outra permite distinguir uma concepção restritiva da tolerância, que é própria do liberalismo conservador, de uma concepção extensiva, própria do liberalismo radical ou progressista.

Dois exemplos esclarecedores: o conservador Gaetano Mosca rejeitava como ingênua e incipiente, precária, a doutrina segundo a qual a violência é impotente contra a verdade e a liberdade, observando que a história havia dado razão bem mais aos intolerantes que aos tolerantes, e havia desmentido aqueles que tinham sustentado que a verdade acaba sempre por triunfar contra a perseguição. Dizia, desta doutrina dos liberais radicais, que ela faria que os pósteros zombassem de nós.[3] Luigi Einaudi, ao contrário, no momento em que a Itália se preparava para restaurar as instituições da liberdade depois da queda do fascismo, afirmou: "Os que creem na ideia de liberdade ... afirmam que um partido tem o direito de participar plenamente da vida política mesmo quando seja declaradamente liberticida. Com o objetivo de sobreviver, os homens livres não devem renegar as próprias razões de vida, a liberdade mesma de que se dizem defensores".[4]

Como sempre, a lição da história é ambígua. Um filósofo francês se pergunta: se aparecesse hoje um Hitler querendo publicar o *Mein Kampf*, deveríamos permitir que o fizesse? Este é um caso extremo. Pode-se, porém, observar que, quando o *Mein Kampf* foi publicado, não se podia prever quais seriam as suas consequências. Não podia ocorrer que um livro tão pleno de absurdos lógicos e erros históricos fosse esquecido em seis meses?

A tolerância é um método que implica, como disse, o uso da persuasão perante aqueles que pensam diferentemente de nós, e não o método da imposição. Desse ponto de vista, o laicismo é um dos componentes essenciais do mundo moderno, que até mesmo as religiões (e me refiro particularmente ao cristianismo) acabaram por aceitar. Tanto isso é verdade que em todas as Constituições modernas está afirmado o princípio da liberdade de religião, que é liberdade não apenas daqueles que professam uma religião, mas também daqueles que não professam nenhuma.

---

3   G. Mosca, *Elementi di scienza politica*, Bari: Laterza, 1923, v.1, p.381.
4   L. Einaudi, "Maior et sanior pars", *Il buongoverno*, Bari: Laterza, 1964, p.306.

Parte IV

7
Prós e contras de uma ética laica

Há uma crise de valores?

Digo logo que não me ponho o problema de saber se hoje existe uma crise moral e, se existe, de onde provém. Não sou nem historiador nem sociólogo. Não tenho dados suficientes para responder adequadamente a uma pergunta deste gênero, que muitos formulam de modo emotivo: "Nossa época é uma época de crise de valores?". Ninguém tem dados suficientes, aliás. Uma crise de valores? Mas onde? Na Itália, na Europa, numa parte do mundo, em todo o mundo? Assim apresentada a pergunta, fica logo evidente que a resposta é difícil, se não impossível. Nossos juízos numa matéria como esta são sempre subjetivos: há os pessimistas crônicos e os otimistas intransigentes. Desde que pessimismo e otimismo são estados de espírito, não existe argumento racional ou constatação empírica capaz de atingi-los. Há os tradicionalistas, que pensam que tudo era belo no passado e tudo é horrível no presente; há os progressistas, projetados em direção ao futuro, em vez de agarrados ao passado, que acreditam que a história humana, não obstante as aparências, procede inevitavelmente rumo ao melhor. Há os desconfiados e os confiantes. E assim por diante.

A própria palavra "crise" é bem mais a expressão de um movimento do espírito que de um juízo fundado em argumentos extraídos da razão ou da experiência. Entre outras coisas, não há período histórico que não tenha sido julgado, de uma parte ou de outra, como um período de crise. Ouvi falar de crise em todas as fases da minha vida: depois da Primeira Guerra Mundial, durante o fascismo e o nazismo, durante a Segunda Guerra Mundial, no pós-guerra, bem como naqueles que foram chamados de anos de chumbo. Sempre duvidei que o conceito de crise tivesse qualquer utilidade para definir uma sociedade ou uma época. Se não temos dados suficientes para fazer uma avaliação do tempo presente, os temos menos ainda para exprimir um juízo sobre épocas passadas, e fazer uma comparação. Hoje, os moralistas apontam o dedo acusador para o assim chamado hedonismo, para a concepção hedonista da vida (da qual uma expressão evidente e significativa seria o consumismo). Ora, uma condenação desse gênero pode valer, na melhor das hipóteses, somente para uma pequena parte da humanidade. Como se pode falar de hedonismo em todos aqueles países onde se morre de fome ou, como ocorria até alguns anos atrás, nos Estados totalitários em que um aparente rigor moral era obtido ao preço de uma dura repressão? Não há época que não tenha tido seus moralistas, pregadores religiosos ou laicos, chorosos diante da corrupção dos costumes, da corrida desenfreada em direção aos prazeres, da busca do efêmero combinada com a indiferença diante do eterno. Como se costuma dizer que "o mundo é pequeno", eu não hesitaria em dizer, analogamente, que "toda a história é presente".

Duvido que se possa falar de um progresso moral da humanidade. Mas também duvido que se possa falar plausivelmente de um retrocesso. Hoje vivemos sensibilizados, aterrorizados mesmo, pela difusão da violência. Mas o que mudou efetivamente foi mais a quantidade que a qualidade da violência, graças ao progresso técnico, que produziu armas sempre mais mortíferas. Além disso, os meios de comunicação de massa, que também são um efeito do progresso técnico, nos permitem assistir todo dia, quem sabe toda hora, a cenas de violência no mundo inteiro, e não apenas em nossas cercanias, como antes. Não hesitamos em falar de civilização europeia e cristã, não obstante o genocídio dos índios por parte dos espanhóis, súditos de um rei católico; não obstante o genocídio dos indígenas da América do Norte por parte de ingleses geralmente vinculados a igrejas reformadas; não obstante o tráfico de negros durante séculos, as guerras religiosas que ensanguentaram a Europa por décadas, as guerras do equilíbrio europeu, capricho dos príncipes, as guerras napoleônicas e, para terminar, as duas guerras mundiais do século XX. E o que dizer da crueldade dos delitos, de que se fala com horror e repugnância nas crônicas de todos os tempos, ou dos castigos igualmente cruéis do poder legítimo, tão minuciosamente descritos e documentados por Michel Foucault em *Vigiar e punir*?

Que fique claro: não tenho nenhuma intenção de difamar ou condenar o passado para absolver o presente, nem de deplorar o presente para louvar os bons tempos antigos. Desejo apenas ajudar a que se compreenda que todo juízo excessivamente resoluto neste campo corre o risco de parecer leviano. Certamente, existem épocas mais turbulentas e outras menos. Mas é difícil dizer se a maior turbulência depende de uma crise moral (de uma diminuição da crença em princípios fundamentais) ou de outras causas, econômicas, sociais, políticas, culturais ou até mesmo biológicas.

As duas faces da história

Toda época tem duas faces, e a capacidade de vermos uma ou outra depende da posição em que nos colocamos. Raramente conseguimos nos colocar numa posição da qual se podem ver ambas. Daqui a extraordinária ambiguidade da história do homem (que corresponde, de resto, à contraditoriedade da natureza humana), na qual o bem e o mal se contrapõem, se misturam e se confundem. Pessoalmente, não hesito em afirmar que o mal sempre prevaleceu sobre o bem, a dor sobre a alegria, o sofrimento sobre o prazer, a infelicidade sobre a felicidade, a morte sobre a vida. Naturalmente, não sei explicar esta tremenda característica da história do homem. Suspendo o juízo sobre as explicações teológicas. Prefiro afirmar: não sei. Não estou em condições de responder à questão angustiante de saber por que fomos dados a viver, sem havermos pedido, num universo em que o peixe graúdo, para viver, precisa comer o peixe pequeno (é o clássico exemplo de Espinosa) e o peixe pequeno não parece ter outra razão de existir senão a de deixar-se comer. O mundo humano não me parece ter seguido um curso muito diverso, ainda que, algumas vezes, os peixes pequenos tenham conseguido se unir e liquidar os peixes graúdos – mas isso ao custo de muitos sacrifícios, de terríveis sofrimentos, de tanto sangue derramado! Não obstante minha incapacidade de oferecer uma explicação sensata do que acontece e por que acontece, sinto-me bastante tranquilo em afirmar que a parte obscura desta história é bem mais ampla do que a clara.

Todavia, não me sentiria à vontade para negar que existe uma face clara (a outra face da medalha). Mesmo hoje, quando o curso inteiro da história parece ameaçado de morte (daí quem fale de uma "segunda morte"),[1] existem zonas de luz que não seria justo ignorar: a abolição da escravidão, processo que parece irreversível; a supressão em muitos países dos suplícios e das torturas, e em outros também da pena de morte. Não esqueço a emancipação feminina, a única autêntica revolução do nosso tempo. A maior conquista na direção de uma sociedade não

---

1   J. Schell, *Il destino della terra*, Milano: Mondadori, 1982.

violenta é a instauração em alguns países do regime democrático, que compreende todas aquelas instituições que permitem a um grupo organizado regular a própria convivência, sem recorrer à violência, possibilitando a substituição de uma classe política por outra sem que a nova deva suprimir materialmente a velha, como quase sempre ocorreu na história. Para dar alguma indicação disso, menciono o livro de Jacques Heers, *Partidos e vida política no Ocidente medieval,*[2] no qual, no capítulo "A sorte dos vencidos", pode-se ler: "o término dos combates e dos saques, dos incêndios e dos massacres, não fazia mais que anunciar o triunfo total, insolente, do partido vencedor. Os outros, os derrotados, tornavam-se então vítimas não mais de vinganças ou violências espontâneas, mas de condenações, de todo tipo de medidas excepcionais que os golpeavam como pessoas ou em seus bens". O autor refere-se, entre outras coisas, a esta passagem extraída das crônicas de Villani: "Todos os que pertenciam às grandes casas nobres de Florença tiveram os olhos arrancados e foram depois afogados no mar, salvo *messer* Zingane... Não se quis que ele morresse, mas sim que seus olhos fossem queimados; mais tarde, como religioso, terminou sua vida na ilha de Montecristo".

O temor a Deus

Suspendo, portanto, o juízo sobre a existência ou não de uma crise moral. Em vez disso, o que certamente mudou ou está destinado a mudar sempre mais numa sociedade secularizada (e que a nossa é uma sociedade secularizada, parece-me ser um juízo de fato sobre cuja validade eu não teria muitas dúvidas) é o modo de propor o problema moral, ou seja, para ser mais preciso, não tanto a moralidade quanto a doutrina moral. Numa sociedade religiosa,

---

2 J. Heers, *Partiti e vita politica nell'Occidente medievale* (1977), Trad. it. de T. Capra e G. Garavaglia, Milano: Mondadori, 1983, p.163.

não há ensinamento moral que possa prescindir do ensinamento religioso: ética e religião são indissolúveis. Um dos principais argumentos para induzir os homens a obedecer às leis morais é o temor a Deus, pouco importando se este argumento é adotado com intenções puras pelas Igrejas e por meio de seu magistério ou se, em vez disso, é utilizado pelo Estado para seus fins, isto é, para obter obediência mais fácil a seus comandos, inclusive os injustos. É um dado incontestável que a religião foi *instrumentum regni*, precisamente para reforçar o vínculo entre o súdito e o soberano. Basta recordar Maquiavel, que sempre teve a grande virtude de falar claramente: "Na verdade, jamais houve qualquer legislador que tenha outorgado a seu povo leis de caráter extraordinário sem apelar para a divindade, pois sem isso estas leis não seriam aceitas... O governante sábio sempre recorre aos deuses".[3]

Durante séculos, mesmo depois do advento da era moderna e do Estado moderno, ao qual se costuma associar o início da época da secularização, permaneceu inabalável o princípio do temor a Deus como necessário e iniludível fundamento da moralidade. A isso se segue que a conduta moral e a prática do ateísmo são consideradas incompatíveis. É um fato conhecido, mas convém recordá-lo novamente, que um dos maiores defensores da tolerância religiosa, John Locke, sustentava que os ateus deveriam ser excluídos da tolerância. Leiamos mais uma vez, atentamente, suas palavras: "Os que negam a existência de Deus não devem ser de modo algum tolerados". E por qual razão? A resposta é claríssima: "As promessas, os pactos e os juramentos, que são os vínculos da sociedade humana, não podem ter estabilidade ou santidade para um ateu: a supressão de Deus, ainda que apenas em pensamento, dissolve tudo".[4]

---

3 Maquiavel, *Comentários sobre a primeira década de Tito Lívio*. Brasília: Editora UnB, 1994, p.58.

4 J. Locke, *Carta acerca da tolerância*. São Paulo: Abril, 1973, p.30. (Os Pensadores, v.XVIII)

Haveria hoje alguém em condições de sustentar uma tese tão restritiva? Entendamo-nos: não digo que alguém a sustente. É evidente, porém, que nenhuma das constituições vigentes nos Estados liberais, democráticos e laicos (no sentido de não confessionais) mantém aquela limitação: na liberdade religiosa também está contida a liberdade de não ter religião alguma. Em poucas palavras, a tolerância inclui também os ateus. Que explicação podemos dar dessa extensão? Um maior laxismo, entendido como uma diminuição da crença na validade de regras morais férreas e obrigatórias para o homem e para o cidadão, ou a convicção de que a moral não é necessariamente dependente da religião, e de que os ateus também devem ser considerados pessoas morais? Observe-se que a única restrição prevista pela Constituição italiana (Art. 19), para dar um exemplo que nos toca bem de perto, refere-se aos ritos contrários aos bons costumes: é uma limitação que se refere, quando muito, a algumas religiões ou seitas religiosas, e não atinge aqueles que, por não terem religião, não costumam seguir rito algum. Se se formou esta convicção, a ponto de não permitir mais nenhuma distinção entre crentes e não crentes com respeito ao direito de professar a própria fé (e, portanto, também a fé num universo sem Deus), como explicá-la senão mediante a convicção – formada através do longo processo de secularização – de que se pode justificar a obediência às leis morais sem necessidade de admitir a existência de Deus? De que existe uma moral laica coerente, racional ou razoável, que se sustenta por si mesma sem precisar recorrer a outros pontos que não àqueles, humaníssimos, da razão e da experiência?

Quatro tentativas de moral laica

A história da ética moderna, a começar da teoria do direito natural, é uma tentativa, ou melhor, uma série de tentativas, de fundar uma ética objetiva, ou racional ou empírica, ou simultaneamente racional e empírica, em suma, laica. Trata-se de saber se e em que medida estas tentativas foram bem-sucedidas, pois um fato é certo: o debate entre as várias soluções prossegue ainda hoje com a mesma intensidade e com a mesma incerteza em termos de conclusão com que se combateram as várias éticas desde o início da filosofia ocidental até o presente. Pense-se no contraste entre epicurismo e estoicismo, entre ética da virtude e ética da felicidade, e assim por diante.

Certamente, este não é o lugar para passar em revista toda a história deste secular debate, mesmo que eu admitisse a possibilidade de fazê-lo. Parece-me, porém, que podem ser distinguidas, na Era Moderna, quatro grandes doutrinas morais, com suas respectivas subteorias, tendo como base os argumentos adotados para fundar uma ética não agarrada a uma fé religiosa, ou seja, uma ética laica, não confessional, que vincule também os ateus.

A primeira e também a mais difundida dessas doutrinas é o *jusnaturalismo*, ou seja, o jusnaturalismo moderno, que na verdade começa com a famosa afirmação de Grotius (no § 11 dos "Prolegômenos" a *De iure belli ac pacis*),[5] segundo a qual as leis naturais valeriam *"etiamsi daremus non esse Deum aut non curari ab eo negotia humana"* ("mesmo que admitíssemos que Deus não existe e não se interessa pelos eventos humanos") (trata-se de uma afirmação famosa mas não original, porque, como foi amplamente documentado, a mesma fórmula pode ser encontrada em teólogos dos séculos precedentes, como Gregório de Rimini e Gabriel Biel). As objeções que se contrapõem ao jusnaturalismo são duas:

1   A ambiguidade do conceito mesmo de natureza humana, que recebe dos diversos autores os mais variados significados – negativo em Hobbes, para quem os homens são por natureza belicosos, positivo em Rousseau, para quem os homens são por

---

5   Grotius, *Prolegomeni al diritto della guerra e della pace*. Trad., introd. e notas de G. Fassò, Napoli: Morano, 1979.

natureza pacíficos –, sendo considerados como institutos de direito natural, isto é, de acordo com a natureza humana, os institutos mais diversos (a propriedade individual e a propriedade coletiva, por exemplo, a liberdade e a escravidão etc.).

2   Ainda que se admita que a natureza do homem seja um livro aberto, que se pode ler com facilidade, resta a ser demonstrado que tudo aquilo que é natural é bom pelo único fato de ser natural, uma demonstração que não se pode fazer sem que se pressuponha que a natureza é a emanação de uma vontade boa, reintroduzindo-se assim um argumento teológico e fideísta (que mortifica e esvazia a presunção racionalista).

Ao procedimento dedutivo dos jusnaturalistas, contrapõe-se o procedimento indutivo próprio da teoria que tem como argumento fundamental para dar objetividade aos juízos de valor o *consensus humani generi*, isto é, a constatação de fato ou histórica de que uma certa regra de conduta é comum a todas as pessoas. Quando Aristóteles, no livro V da *Ética a Nicômacos*, diz que o direito natural é aquele que vigora em toda parte, ele está dando força a um argumento desse tipo. Também para esta doutrina moral são duas as objeções principais:

1   Há de fato leis universais, ou seja, leis que valem "em toda parte", em todo país, e que sempre têm valor (que são universais não só no espaço, mas também no tempo)? O exemplo mais clamoroso é o da norma "Não matar", que vale habitualmente dentro dos grupos, salvo casos excepcionais, como o da legítima defesa, mas não vale habitualmente nas relações entre grupos, nas quais cada conduta individual está sempre subordinada ao princípio *salus rei publicae suprema lex*.

2   Há leis que vigoraram durante séculos sem que por este único fato possam ser aceitas como leis morais. Aqui, o exemplo

mais macroscópico é o da escravidão. Um dos argumentos mais fracos usados pelos defensores do aborto durante o plebiscito italiano de 1981 foi o que se baseou na observação de que o aborto sempre foi praticado: ainda que se conseguisse demonstrar que a enorme maioria das mulheres sempre o praticou, tal constatação de fato não seria uma boa razão para que se o considerasse como moralmente lícito. O mesmo vale para a pena de morte, que não só sempre foi praticada e continua a ser praticada na grande maioria dos Estados, como também foi defendida por grandes pensadores, de Platão a Hegel.

A terceira teoria é a kantiana, que habitualmente se chama de formal ou formalista, para a qual aquilo que se deve fazer ou não fazer é estabelecido com um critério puramente formal, como o da universalidade da ação. Kant a formula do seguinte modo: "Jamais devo me comportar de modo a que não possa desejar que minha máxima se torne uma lei universal". Dá como exemplo a promessa: se faço uma promessa com a intenção de não cumpri-la, posso pretender que o não cumprimento das promessas se converta em lei universal? Sejam claros: Kant não é um utilitarista e, portanto, não afirma a utilidade ou a conveniência de que as promessas sejam cumpridas, acrescentando o argumento segundo o qual, se eu não cumpro uma promessa feita, correrei o risco de ser pago com a mesma moeda e, com isso, de ter algum tipo de prejuízo. Segundo Kant, não é por prudência que devo cumprir as promessas: em alguns casos, seria mais prudente não cumpri-las. A razão adotada por Kant é outra. É uma razão lógica, não empírica: se elevo o não cumprir promessas a máxima universal, é porque pretendo um mundo onde não teria mais sentido fazer promessas: "Tão logo a minha máxima – diz Kant – se tornasse lei universal, ela se destruiria por si mesma".

Com respeito à argumentação kantiana, também apresento duas objeções:

1   Que eu não possa querer um mundo em que as promessas não sejam cumpridas, é algo que depende do juízo de valor negativo que faço deste mundo. Assim, porém, a ética kantiana também se torna uma ética teleológica, isto é, uma ética cuja validade depende da bondade do fim (uma sociedade em que as promessas sejam cumpridas). Uma ética teleológica não é mais apenas formal e perde o caráter de universalidade que deriva de seu pretenso formalismo.

2   Não se pode ter o caso em que duas ações que obedecem ao mesmo critério de universalidade sejam incompatíveis? Neste caso, qual escolher? Tomemos duas normas fundamentais da conduta em qualquer sociedade civil: "Não usar a violência para com o próximo" e "Impedir que o violento suprima o não violento" (ou, se se preferir, que o forte suprima o fraco). Ambas as normas correspondem ao critério da universalidade: de fato, eu não posso querer nem um mundo em que seja lícita a violência recíproca, que desembocaria inevitavelmente na hobbesiana guerra de todos contra todos, nem um mundo em que os prepotentes triunfem. Mas as duas normas dificilmente podem ser observadas simultaneamente. O mesmo pode ser dito do cumprimento das promessas. Não posso desejar um mundo em que as promessas não sejam cumpridas. Mas posso desejar um mundo em que um sicário cumpra a promessa de cometer o atentado combinado entre os conjurados de que faz parte? Idêntica dificuldade nasce da norma "Não mentir". Mesmo essa proibição não é absoluta: basta pensar no caso da mentira piedosa (que Kant coerentemente refuta) e no caso ainda mais dramático do revoltoso que é preso e, mentindo, salva os companheiros que não foram capturados. (Quem, hoje, não tem um sentimento de repugnância moral diante dos "arrependidos" que denunciam seus companheiros? No entanto, eles dizem a verdade e, além do mais, são úteis ao Estado.)

O quarto sistema ético – que é, hoje, o mais amplamente debatido ao menos no mundo anglo-saxão e, por derivação, no nosso – é o utilitarismo. O dado objetivo em que se funda o utilitarismo são as sensações de prazer e de dor. Daí a tese segundo a qual o critério para distinguir o bem do mal é respectivamente a quantidade de prazer e de dor provocada por uma ação. As dificuldades com que se enfrenta o utilitarismo como doutrina ética são inúmeras: a primeira consiste na mensuração do prazer e da dor, agravada pelo fato de que, para Bentham, dever-se-ia calcular também, além da quantidade, a intensidade, a duração, a certeza, a proximidade, a fecundidade, a pureza, respectivamente do prazer e da dor, características que, para poderem ser postas em ordem hierárquica entre si, precisam ser comparadas entre si. E, depois, qual ordem é preferível: um prazer intenso mas breve ou um outro menos intenso mas de maior duração? Outra dificuldade está na relação que necessariamente se deve estabelecer entre o meu prazer (ou dor) e o prazer (ou dor) dos outros. Já que o homem vive em sociedade, não se pode isolar o indivíduo singular de todos os outros e, portanto, não se pode prescindir da consideração dos efeitos que a satisfação dos meus prazeres tem sobre a satisfação dos prazeres dos outros. Mas quem são estes outros? Meus vizinhos, meus concidadãos, todos os habitantes da Terra, somente os vivos ou também as futuras gerações? A máxima benthamiana da felicidade do "maior número" é de uma imprecisão desanimadora. O extermínio de seis milhões de judeus foi necessário para a felicidade dos alemães, que certamente eram um "maior número"? Hoje, é fácil dizer que esse extermínio não foi vantajoso para os alemães, pois apesar dele perderam a guerra. Mas e se a tivessem vencido? Uma objeção ao utilitarismo particularmente difundida, enfim, é a que deriva daqueles que consideram a justiça como bem primário da sociedade humana, ou seja, que valorizam a equânime distribuição dos bens em um determinado grupo organizado. Como se estabelece, com base em critérios utilitaristas, uma equânime distribuição da riqueza ou dos serviços? Os critérios nos quais a justiça distributiva habitualmente se inspira – do mérito, da capacidade, da necessidade – não são critérios utilitaristas.

É verdade que todas essas dificuldades (e outras mais) têm levado uma parte dos utilitaristas a sustentar uma nova forma de utilitarismo, que tem sido chamada de utilitarismo da regra, em contraposição ao utilitarismo tradicional ou utilitarismo do ato. Segundo tal ponto de vista, o problema não é mais o de saber qual ação é mais útil, mas sim qual norma. Uma solução como essa pretende evitar algumas aporias do utilitarismo do ato, já que, pondo-se do ponto de vista da utilidade da norma – por exemplo, da norma "Não mentir" –, a utilidade é compatibilizada com os benefícios que derivam da existência desta norma, mesmo quando, no caso particular, o dizer a verdade possa ter consequências piores, do ponto de vista do utilitarismo do ato, que o não dizê-la. Pode-se observar, porém, que o utilitarismo da norma ou não escapa em última instância ao critério de utilidade, ainda que aplicado à norma, e portanto às dificuldades do utilitarismo em geral, ou se resolve em uma ética completamente diversa, isto é, em uma ética deontológica, para a qual o uniformizar-se à regra é um bem, independentemente da avaliação das consequências, ao passo que a avaliação das consequências é uma característica típica do utilitarismo, em contraste com todas as doutrinas que pensam que o juízo sobre o bem e o mal depende exclusivamente da existência de regras.

Mas a ética religiosa é uma solução?

Como se vê, nenhuma das teorias mais comuns da moral laica está isenta de críticas. Parece, assim, que toda tentativa de dar um fundamento racional aos princípios morais está destinada ao fracasso. Hoje, o debate entre os filósofos morais tornou-se sempre mais sutil, mas o resultado não muda. Empregam-se as técnicas mais refinadas do raciocínio lógico, mas as escolas que saem a campo para tentar fazer que prevaleça uma solução sobre a outra conduzem um jogo complicado de prós e contras que se perde num emaranhado sem fim.

Diante deste contraste sem saída aparente, foram apresentadas, nos últimos anos, com uma certa frequência, três soluções possíveis:

1   o apelo à evidência, ou intuicionismo ético;

2   o relativismo absoluto próprio das teorias morais assim chamadas "não cognitivistas", segundo as quais os juízos de valor são a expressão de emoções, sentimentos, preferências pessoais, opções, equivalentes entre si;

3   a esfera dos juízos morais é a esfera não do racional, mas do razoável, na qual valem os argumentos próprios da retórica, ou arte de persuadir, distinta da lógica, ou arte de demonstrar.

Dessas três soluções, a primeira ultrapassa a razão: é ultrarracional. A segunda deprime a razão, vendo-a como totalmente imprestável: é infrarracional. A terceira limita as possibilidades da razão, sustentando que em matéria de moral se pode raciocinar mas não chegar com a razão até os fundamentos últimos: é quase-racional.

Da problematicidade das éticas racionais renasce continuamente a exigência de se basear a ética na religião e ganha força a afirmação de que não há uma ética independente da religião. Mas estamos bem seguros de que uma ética religiosa não vai ao encontro das mesmas objeções que foram feitas às teorias clássicas da ética que se vinculam exclusivamente aos limites da razão? Os casos são dois. No primeiro deles, a ética religiosa se reduz à doutrina do assim chamado "voluntarismo teológico", segundo o qual é justo aquilo que é ordenado por Deus e injusto o que é proibido, posição que é uma espécie de juridificação da ética, de acordo com a máxima *Auctoritas non veritas facit legem*"

("É a autoridade, não a verdade, que faz as leis"). Mas a consequência disso é que, com a proclamação de que "Deus assim o deseja", pode-se justificar toda ação, até mesmo a mais cruel e desumana. A história nos ensina que tristes efeitos podem derivar do fanatismo religioso. No segundo caso, a ética repousa sobre a tese segundo a qual não é justo o que Deus ordena, mas Deus ordena o que é justo (é o tema clássico do *Eutifrone*), e então o critério do justo e do injusto não é a vontade de Deus, mas sua natureza, que sendo por essência boa não tem como ordenar ações que não sejam boas. Mas esta resposta é perfeitamente circular: que outro argumento temos para definir Deus como essencialmente bom senão a prova de que as ações por ele ordenadas são boas? Somente se sai deste círculo com o abandono do voluntarismo ético e a aceitação do "racionalismo teológico", segundo o qual as ações ordenadas por Deus são boas não porque sejam ordenadas, mas porque são intrinsecamente boas (boas em si). Mas o racionalismo teológico vai ao encontro das mesmas objeções, e encontra as mesmas aporias, de toda forma de racionalismo ético, a começar da que afirma que não há preceito moral que valha em todas as circunstâncias e não admita exceções: "Não deves matar, mas..."; "Não deves mentir, mas..."; "Deves cumprir as promessas feitas, mas...". No fim das contas, a escolha entre o agir de acordo com a regra geral ou não é remetida a um cálculo das consequências que, como já se disse, não pode levar senão a soluções prováveis, confiadas ao juízo da consciência individual. Mas uma solução probabilística só existe se dissolver qualquer pretensão da ética religiosa de ser uma ética absoluta (mais segura do que as éticas mundanas). Em outras palavras, se é verdade que toda regra comporta exceções e não vale em todos os casos possíveis, então o juízo sobre a eventual excepcionalidade ou é extraído da vontade de Deus, que naquele determinado caso ordenou que a regra fosse violada, recaindo-se assim no voluntarismo teológico, ou nasce de um raciocínio sobre ela, e aí se é obrigado a recorrer a todos aqueles argumentos – a natureza, o consenso, o critério da universalidade, a utilidade – que conduzem, como vimos, a resultados sempre opináveis e além do mais fazem que o imperativo moral se transforme de imperativo categórico ("Você deve") em imperativo hipotético ("Você deve a menos que a situação consinta uma desobediência ao preceito geral").

O verdadeiro problema é a observância

Dizendo isso, não se diz tudo. A razão profunda da vinculação da moral a uma visão religiosa do mundo não está tanto na exigência de se fundar a moral quanto na exigência praticamente bem mais importante de se possibilitar a sua observância. O que é absolutamente necessário a toda convivência humana não é apenas a existência de regras de conduta bem fundadas, mas também a sua observância. Os juristas distinguem a validade e a eficácia de uma norma: transpondo essa linguagem para a teoria moral, podemos dizer que não basta deixar demonstrada a existência de normas, isto é, a sua validade, mas é necessário que as normas postas sejam efetivamente observadas. Com isso, vê-se que o apelo a Deus serve normalmente, e serve muito bem, não tanto para justificar a existência de normas de conduta obrigatórias, quanto para induzir aqueles que estão destinados a não violá-las. Em suma, o apelo dirige-se mais a Deus como juiz (infalível) e executor severo da transgressão do que a Deus como legislador. O famoso ditado "Se Deus não existe, tudo é permitido"[6] pode querer dizer duas coisas diversas: a) se Deus não existe, não existem critérios para distinguir o bem do mal, e os critérios que são normalmente exibidos com este fim são incertos, fracos, falíveis etc.; b) se Deus não existe, os homens não são induzidos

---

6 Observo que a máxima contrária – "Se Deus existe (entendendo-se: se Deus está comigo), tudo é permitido" – poderia ser elevada do princípio do fundamentalismo, concepção que se opõe ao niilismo.

a observar as leis morais. Conhecer a lei moral e observá-la são duas atividades completamente diversas, e a segunda não se segue necessariamente à primeira. Se voltarmos por um momento à razão adotada por Locke para excluir os ateus da tolerância, perceberemos que a razão desta exclusão não está no fato de que os ateus não conheçam as leis morais, mas no fato de que, não podendo ter como motivação de sua conduta o temor a Deus, não oferecem qualquer garantia de que serão fiéis à palavra dada ou permanecerão vinculados aos juramentos. Em outros termos, os ateus são perigosos para a estabilidade das repúblicas porque não temem o castigo de Deus e, não temendo o castigo de Deus, podem ficar menos dispostos a observar as leis morais, que impõem sacrifícios, limitam a esfera dos desejos, constringem a que se anteponha o dever ao prazer.

Quero dizer com isso que os limites do racionalismo ético são ainda mais evidentes quando se abandona o tema do fundamento da moral e se enfrenta o tema praticamente bem mais importante da execução das leis morais. Para mostrar a validade de uma regra, pode ser suficiente uma boa razão; mas esta boa razão habitualmente não basta para fazer que a regra seja observada. O tema do fundamento das regras morais tanto é teoricamente apaixonante quanto praticamente irrelevante. Não há máxima moral que seja observada apenas pelo fato de ter sido bem fundamentada. O debate filosófico sobre a moral, em torno do qual me detive aqui, é um debate teórico, um admirável jogo intelectual que tem escassa ou pouca incidência sobre os comportamentos reais. Uma reflexão moral vale para aquela exígua minoria de indivíduos que se deixam guiar pela razão e persuadir pelos bons argumentos. O típico argumento racional "Não faças aos outros o que não queres que os outros te façam" não tem qualquer valor para quem pensa, por exemplo, que se todos os outros seguem esta máxima, não lhe acontecerá mal nenhum, nem a ele nem à sociedade, se eventualmente ele não a seguir. Se eu roubo, pressupondo que todos os outros não roubam, posso tranquilamente continuar a roubar. Se não cumpro as promessas, pressupondo que os outros as cumprem, posso continuar a não cumpri-las com o máximo de vantagem para mim e com um mínimo de desvantagem para a sociedade.

Para que se obtenha a observância dos principais preceitos morais, faz-se necessário bem mais do que a sua justificação racional. A experiência histórica demonstra que é preciso ameaçar com penas pesadas para não tornar vantajosa a violação das normas estabelecidas. Neste ponto entra em cena o direito como ordenamento coativo. Mas entra em cena também, e com maior razão, o temor a Deus, que sempre foi considerado uma forma de intimidação não menos intensa, e em algumas épocas mais intensa, do que a intimidação jurídica. Não se compreende a intolerância lockeana para com os ateus se não se está persuadido de que o temor a Deus (à justiça divina, municiada com penas severas, diante das quais as penas humanas são como que tapinhas dados pelas mães em seus filhos) é uma boa razão – aliás, é a melhor de todas as razões – para assegurar a obediência às leis morais. Desse ponto de vista, mas somente dele, pode-se presumir que numa sociedade secularizada as leis morais são menos observadas do que numa sociedade religiosa e exista uma moralidade média menos difundida. Mas este é um argumento válido para demonstrar a existência de Deus e a verdade do cristianismo? Penso que nenhum homem profundamente religioso, nenhum cristão, estaria disposto a fundar a verdade da própria religião ou do cristianismo unicamente na validade e na eficácia da moral que lhe é inerente. Esta não seria uma via que levaria a que se aceitasse uma crença religiosa por razões pragmáticas? Não se cairia mais uma vez num círculo vicioso? Acabaria-se assim por fundar a validade da religião na moral, ao passo que a própria religião, se fosse verdadeira e posto que seja verdadeira, é que deveria fundar a moral. Como escapar desse círculo vicioso? Com um ato de fé? Mas era precisamente o ato de fé que se desejava evitar deduzindo a verdade do cristianismo da necessidade de dar um fundamento à moral.

Fábulas soberbas

Confesso que hesito em entrar na grande selva da disputa filosófica sobre as relações entre fé e razão. Não me considero tão seguro a ponto de não me perder e de não fazer que se perdessem aqueles que se dispusessem a me acompanhar em minha viagem de exploração. Creio, porém, ser possível deduzir daquilo que disse até aqui que, hoje, se se observa um renascimento religioso, isso se deve a um mal-estar de natureza moral. O não crente deve honestamente tomar consciência dos "limites do racionalismo ético", como estabelece o título da obra de um mestre da Universidade de Turim, Erminio Juvalta, por quem tive grande estima. O homem não pode não raciocinar, mas apenas a razão não lhe basta. Aquele que segue exclusivamente a razão conhece seus limites e está impedido de ir além. No melhor dos casos, procura entrever um mundo em que o homem, tornado adulto a ponto de julgar a respeito do bem e do mal apenas com suas próprias forças (adulto no sentido do ensaio kantiano sobre o Iluminismo), não tenha necessidade, para saber o que deve fazer e sobretudo para fazê-lo efetivamente, de outros ensinamentos que não aqueles que pode extrair da razão e da experiência.

Mas não seria homem de razão se não duvidasse do advento deste mundo futuro, que, além de tudo, nesta nossa era de ferro e de fogo, parece-lhe mais longínquo do que nunca. Não seria homem de razão se fosse tão seguro de si, tão presunçoso e convencido a ponto de prenunciar a plena voz um mundo em que, para repetir as palavras do poeta mais desesperado de nossa história, "justiça e piedade outra raiz/ terão, mas não soberbas fábulas".[7]

---

7 Referência a Giacomo Leopardi (1798-1837), um dos mais importantes poetas da história da cultura italiana. O verso citado integra o poema "La ginestra", escrito em 1831 e posteriormente incluído nos *Cantos* de Leopardi (Canto XXXIV). (N. T.)

8
Os deuses que fracassaram
(Algumas questões sobre o problema do mal)

Os acontecimentos de Sarajevo[1] superaram, de todos os pontos de vista – o histórico, o ético, o da oportunidade política ou

---

1 Texto preparado para o seminário "O poder do mal, a resistência do bem", realizado no Centro de Estudos Piero Gobetti em 8 de junho de 1994. O seminário fora promovido por Enrico Peyretti, diretor de *Il Foglio*, revista cristã de Turim. O mote para o debate havia sido dado por um artigo de Aldo Bodrato, "Para não sermos vencidos pelo mal", publicado no número de abril da mesma revista, que, aproveitando-se da tragédia da cidade de Sarajevo, "ferida aberta no coração da Europa", propunha uma reflexão sobre o Mal que ficasse além da apologética religiosa e da crítica iluminista, observando que não é possível não "surpreender no moderno humanismo laico e na sua crise niilista o equivalente da crise nominalista tardo-medieval". No número seguinte, de maio, o mesmo diretor, no artigo "Não vence, mas não pode ser vencido", fazendo referência ao livro de Paul Ricoeur: *O mal*. Um desafio à filosofia e à teologia, cuja tradução italiana acabara de ser publicada (aos cuidados de I. Bertoletti, Brescia: Morcelliana, 1993), e à *Filosofia da liberdade* de L. Pareyson (Genova: Il Melangolo, 1989), nos convidava a refletir sobre a constatação de que "o extraordinário não é o mal, mas o fato de que o bem existe, resiste e persiste". Do seminário participaram o mesmo Bodrato e Pier Cesare Bori, da Universidade de Bolonha, cujas intervenções foram publicadas no número de julho de *Il Foglio*.

o da própria conveniência econômica –, os limites do compreensível, para além dos quais nasce inevitavelmente a questão da presença invencível do Mal no mundo. Uma daquelas questões que não conseguimos responder com as luzes da razão e que costumamos chamar, com uma palavra sibilina, de "metafísicas".

O problema do Mal se impõe à nossa atenção com particular força no caso de eventos catastróficos, pouco importando se seus protagonistas são a Natureza ou a História. Em nossa memória mais recente, são dois os acontecimentos que mais discussão provocaram sobre o tema: Auschwitz e a queda do muro de Berlim. O primeiro representou um desafio sobretudo para o homem de fé; o segundo, sobretudo para o homem de razão. Ressoaram repetidamente, em nossos ouvidos, duas questões: a) "Por que Deus não só silenciou, mas permitiu que se consumasse o impressionante massacre, que não teve precedentes na história, seja pelo número de vítimas, seja pela ferocidade inerente aos meios empregados?"; b) "Por que o mais grandioso movimento que pretendera emancipar o homem do domínio, da exploração e da alienação transfigurou-se em seu contrário, ou seja, em um Estado politicamente despótico, economicamente ineficiente e moralmente ignóbil?". Os homens de razão ficaram tentados a falar em "derrota de Deus"; os homens de fé, em "suicídio da revolução".

Na realidade, não foram apenas os homens de fé que, diante do fim catastrófico da Revolução Comunista, falaram em "utopia invertida", e não foram apenas os homens de razão que falaram em "derrota de Deus". Quando li o livro de Sergio Quinzio, que tem precisamente este título,[2] fiquei impressionado. Como não crente, que não obstante tudo permanece na soleira da porta, eu jamais teria imaginado que o homem de fé pudesse falar com tanta liberdade do fracasso do cristianismo que não cumpriu suas promessas, do insucesso do Crucifixo. A história de

---

2 S. Quinzio, *La sconfitta di Dio*, Milano: Adelphi, 1992.

Deus é, desde as primeiras páginas da Bíblia, "uma história de derrotas". Após dois mil anos, "os mortos não ressuscitaram e o espaço para a fé diminuiu monstruosamente"; "não podemos mais acreditar num Deus que exige um infinito preço de sangue e de lágrimas em troca de uma solução que até agora ninguém viu"; "o Deus que se ofereceu a nós, que espera de nós a salvação, é um Deus que devemos perfeitamente amar, mas que nos fez ficar cansados demais, desiludidos demais e infelizes demais para conseguir fazê-lo". Análogas deplorações entristecidas, amargas revisões e confissões autocríticas, não menos sinceras, sobre o homem novo que não nasceu e o velho que não só não morreu, mas que vive mais doente do que antes, pudemos ler milhares de vezes nestes últimos anos a respeito do outro grande fracasso, a Revolução Comunista, grandiosa pelo número de homens envolvidos e julgada grandiosa, em razão do fim a que se propôs, por milhões de homens de boa-fé.

Parece, portanto, que o fracasso de Deus para o crente andou lado a lado com o fracasso da razão para o não crente, e um e outro ajudam a que não se tenham muitas ilusões sobre a chegada da era do niilismo. Muitos de nós, que conheceram o fascismo e o comunismo, recordam, a respeito da Revolução de Outubro e das esperanças que ela fomentou e depois dissipou, uma coletânea de ensaios, organizada por Ignazio Silone, intitulada *O Deus que fracassou*. Hoje, porém, há quem pareça querer nos forçar a perguntar: "Qual Deus?".

Todavia, não podemos colocar os dois fracassos no mesmo plano, comparando-os entre si, nem extrair de um e de outro as mesmas consequências. Os homens de razão sempre suspeitaram – se é que não professaram abertamente – da possibilidade de erro, admitindo a insuficiência de seu saber despojado de ajuda divina e deixando aberta a porta para a contínua revisão de suas afirmações. Para os crentes, a derrota de Deus não seria um evento mais perturbador e, sobretudo, mais catastrófico? A confiança na razão jamais foi tão absoluta quanto a confiança na

Providência divina. Jamais tivemos qualquer dificuldade em admitir que a razão não é, mas se torna. Agora aprendemos que também Deus não é, mas se torna, projetado na História. Qual a diferença, então, entre este Deus que se torna na História e a Razão dos filósofos, ou o Espírito de Hegel? Deus, ainda se lê, "sofre". Deus não é onipotente, e por isso sofre. Se fosse onipotente, não teria permitido Auschwitz. Não seria mais Deus quem nos salva, mas nós é que devemos salvar a Deus? Não estaríamos nos aproximando do horizonte de uma sociedade que se debate em dificuldades, numa espécie de teologia fraca, que estranhamente vai se colocando ao lado da assim chamada "fraqueza" filosófica? Com que rapidez chegaremos à radical substituição da visão tradicional do universo, segundo a qual Deus é o criador e o homem a criatura, pela visão humanista igualmente radical segundo a qual Deus é uma criação do homem? Não mais o homem da Bíblia feito à imagem e semelhança de Deus, mas este novo Deus, que não é mas se torna, não mais onipotente mas impotente e falível, feito à imagem e semelhança do homem?

Colocando-me do ponto de vista analítico, pretendo apresentar algumas reflexões com a única intenção de propor certas questões que formulo a mim mesmo, e dar continuidade à discussão. A partir desse ponto de vista, creio ser possível estabelecer uma distinção fundamental: o Mal tem dois aspectos que, por mais que sejam vinculados frequentemente e nem sempre com razão, devem ser mantidos bem separados. Estes são o Mal ativo e o Mal passivo. O primeiro é aquele que se faz, o segundo aquele que se sofre. O Mal infligido e o Mal sofrido. No conceito geral do mal, compreendemos duas realidades humanas opostas: a maldade e o sofrimento. Duas figuras paradigmáticas destes dois rostos do mal, Caim e Jó. Quando nos colocamos, como neste momento, o problema do mal em geral, nossa mente corre indiferentemente para um episódio de violência ou para um de dor: podemos nos deparar tanto com a imagem de um feroz assassino quanto com a de uma mãe que chora. Evocando

Sarajevo, passam diante de nós as imagens de soldados que disparam e de homens e mulheres que fogem tomados pelo pânico, de cruéis torturadores e de vítimas. Essas imagens se alternam, se superpõem e continuamente se confundem entre si.

Sinto-me imediatamente obrigado a observar que, no senso comum, o significado passivo prevalece sobre o ativo. Na linguagem cotidiana, expressões como "me sinto mal" "isto me faz muito mal", "estou mal da cabeça", "por que me fazes mal?" referem-se todas ao mal passivo. Não seria o nosso modo de falar uma prova do fato de que a nossa experiência do sofrimento é mais ampla do que a da maldade? Eu estaria inclinado a responder que sim. O mal ativo, sob a forma de vontade de domínio, de prepotência, de violência em todas as suas formas, do assassinato individual ao massacre coletivo, é objeto particular de reflexão sobretudo do historiador, do teólogo, do filósofo, em suma, de quem se põe o problema do "Mal no mundo". O sofrimento, em vez disso, é de todos, está mais escondido mas é mais difuso, e é menos visível precisamente porque é mais profundo. A pena de viver subtrai-se à História, e no cenário histórico aparecem em primeiro plano os poderosos, os conquistadores, mais os violentos que os violentados, mais os senhores que os escravos.

Esta primeira observação ajuda-me a corrigir um erro, talvez mais que um erro, um hábito mental que consiste em ligar o mal infligido ao mal sofrido, como se eles estivessem em relação de interdependência. Um hábito mental que deriva da aceitação irrefletida de um dos argumentos clássicos – tão difundidos que se tornaram populares – adotados para justificar, e simultaneamente aliviar, o sofrimento: o sofrimento é a consequência de uma culpa. O modelo desta interpretação deve ser buscado na vida cotidiana de qualquer sociedade humana, na qual a ideia de que o castigo deve se seguir ao delito é uma das regras fundamentais, que devem ser observadas para que uma convivência pacífica seja possível. Quem matar deve ser morto. Quem fizer alguém sofrer deve sofrer. Desse ponto de vista, o sofrimento é sempre uma pena, no sentido que tem o termo "pena" numa concepção retributiva da justiça. Se há sofrimento é porque houve uma culpa. Mal ativo e mal passivo formam uma unidade inseparável, mas primeiro vem o mal ativo e depois o mal passivo. Não haveria o segundo, se não tivesse havido antes o primeiro. Recordo que o termo "pena" tem dois significados fundamentais, o de sanção a um ato violento e o de sofrimento, que se pode sofrer independentemente da prática de um ato maldoso. Esse segundo significado também é uma prova da existência daquele vasto campo de experiência humana no qual o mal passivo existe sem que seja necessário fazê-lo depender do mal ativo. Que uma pena faça alguém penar não quer dizer que o estado do penar também seja uma pena como sanção a um crime. O verbo "penar", assim como, de resto, o adjetivo "penoso", não tem qualquer relação com a pena entendida como sanção. A punição pode ser penosa, mas a penosidade não está necessariamente relacionada a uma punição.

Da realidade cotidiana, o princípio da justiça retributiva – ou da necessária relação entre o mal que se faz e o mal que se sofre – foi transferido, nas sociedades arcaicas, para a interpretação de todo o universo. Refiro-me ao que foi chamado de "modelo sociomórfico", ou seja, àquela operação mental mediante a qual todo o sistema do universo é representado como uma reprodução do sistema social e das regras que o governam. O mal passivo do universo, o espantoso sofrimento da espécie humana ao longo de toda a sua história, outra coisa não seria que a consequência inevitável, obrigatória, de um mal ativo originário, do qual não se sabe o início, mas que se enraizaria em um passado mítico e cuja memória seria transmitida de geração em geração. Do mesmo modo que na pequena sociedade em que vivemos, também no universo inteiro, que compreende todos os homens que viveram, todos os viventes atuais e todos aqueles que viverão nos séculos e séculos vindouros, o mal ativo precederia o passivo, ainda uma vez o delito viria primeiro que

Elogio da serenidade

o castigo, o pecado antes da pena. Os homens não sofreriam, se o primeiro homem não tivesse pecado. Também o universo inteiro em todo o seu espaço e em todo o seu tempo seria governado desde sempre e se governaria para sempre segundo o princípio fundamental da justiça retributiva. Já se disse – mas este é um tema sobre o qual não posso me deter agora – que uma das características da mentalidade pré-científica é a de se fazer, diante do evento ignorado, a pergunta: "De quem é a culpa?", em vez de "Qual é a causa?".

Ainda hoje, na visão de uma religião popular, mas não apenas nesta, prevalece a interpretação do universo segundo o princípio da justiça retributiva. A ideia de que o sofrimento (qualquer sofrimento) é de algum modo uma forma de obter a absolvição de uma dívida vale não só como explicação, a mais fácil das explicações, mas também como justificação, a mais tranquilizadora das justificações. O prevalecimento desta interpretação apoia-se numa contribuição direta da teodiceia tradicional, segundo a qual um dos argumentos principais, e mais insistentemente repetidos, para justificar o evento que gera sofrimento, e desse modo absolver a potência divina, é atribuir tal evento a alguma presumível culpa humana. Não importa que o culpado permaneça desconhecido. Que haja um culpado é a dedução lógica do princípio da justiça retributiva, posto axiomaticamente como princípio regulador do universo. Podem ser feitas as mais diversas e extravagantes hipóteses sobre a natureza da culpa e do culpado. A única coisa que não parece ser possível discutir é que, repito mais uma vez, se há uma pena é porque deve ter havido uma culpa.

Não importa nem mesmo que a pena golpeie o presumível culpado segundo a regra da responsabilidade individual. O princípio da justiça retributiva, aplicado não à pena por um delito singular, mas a uma pena que afeta um conjunto de homens em um determinado momento histórico e em uma determinada sociedade, prescinde completamente da regra da responsabilidade individual: para dar os exemplos costumeiros, seria este o caso de uma nova doença – como foi a peste ao longo dos séculos, ou a sífilis no final do século XV, ou a Aids hoje –, ainda que com menor convicção após o avanço do processo de secularização. Onde vigora o princípio da culpa coletiva, não tem qualquer importância conhecer o culpado individual. Em uma concepção primitiva da justiça, não há nenhuma razão para que a pena atinja apenas o culpado e o culpado seja o único a sofrer a pena. Em uma visão global da justiça e do universo, é absolutamente irrelevante que um indivíduo singular, um grupo de indivíduos ou um povo inteiro sofram por uma culpa que não seja deles.

Desde que existe um nexo entre o mal e o agir humano, como nos casos mencionados até agora, pode-se mesmo sustentar, ainda que de modo grosseiro, a causa da justiça retributiva: o homem em geral é responsável por todas as suas obras. A humanidade pode ser concebida como uma totalidade indiferenciada, na qual cada parte do todo é responsável por aquilo que faz com respeito às outras. Mas aquilo que faz que o homem sofra depende unicamente de causas humanas? No início deste texto, afirmei que a esfera do mal passivo é incomparavelmente mais ampla que a esfera do mal ativo. É evidente que o sofrimento humano pode depender de infinitas outras causas que não derivam da nossa ação, seja ela voluntária ou involuntária. Mais ainda: a grande maioria dos estados de sofrimento não podem ser imputados a uma culpa nossa, a começar da razão por excelência da dor, a morte das pessoas queridas. No que diz respeito a nós mesmos, mais do que o pensar em nossa própria morte, a maior causa de sofrimento são as doenças, tanto as físicas quanto as psíquicas, e a maioria delas não deriva de nossos erros ou culpas. De onde vem o longo e quase sempre atroz sofrimento de um doente de câncer? Existiria por acaso alguém ou alguma coisa que poderia ser responsabilizada por isso? E das doenças hereditárias, o que devemos dizer? Que sentido teria regredir, posto que seja possível, até ao primeiro

Elogio da serenidade

progenitor? Perguntas absurdas para problemas malpostos. Absurdas, precisamente porque são perguntas malpostas.

As catástrofes naturais são o maior desafio para a confortável solução que vê um nexo entre sofrimento e culpa, e que portanto acredita poder resolver o problema no interior do mundo humano. Sabem disso muito bem os teólogos, que não podem renunciar à ideia da Providência divina. Sabem bem os filósofos da história, que substituem a Providência divina pela astúcia da razão. Não há grande catástrofe natural que não tenha suscitado o problema do seu porquê – refiro-me ao porquê teleológico, já que o porquê causal também pode ter uma resposta –, mas este é um problema que, do ponto de vista de qualquer teodiceia ou logodiceia, é insolúvel, não obstante a sutileza dos argumentos com que foi enfrentado e a engenhosidade com que se buscou resolvê-lo. No entanto, são as catástrofes naturais, como terremotos, dilúvios, ciclones e furacões, que geram a maior quantidade de sofrimentos no curto prazo, um número de mortos, feridos e danos materiais que o flagelo da guerra gera em prazos muito mais longos. Se se leva em conta, não apenas o tamanho do mal, mas também o tempo em que o mal se manifesta, então as catástrofes naturais são a manifestação mais terrificante do Mal como sofrimento. E se trata de um mal que não se pode submeter às justificações, cômodas e confortáveis, da relação necessária entre culpa e castigo.

Ninguém tem tanta capacidade de compaixão a ponto de sofrer junto com todas as vítimas do evento, de acolher em si a soma das dores que sentem os sobreviventes de uma família sepultada sob os escombros, os sem-teto, aqueles que viram o fruto de seu trabalho ser destruído em uma fração de minuto. A justificação do sofrimento mediante a culpa está tão radicada em nossa mentalidade que, até mesmo no caso de um terremoto, jamais faltam os ataques, muitas vezes compreensíveis, contra os responsáveis pela ineficiente política ambiental. A busca do bode expiatório é um modo de dar livre curso à própria dor e à própria indignação. Se há um responsável, isso quer dizer que há alguém que se pode escolher como alvo de vingança, e que se pode fazer sofrer como nós sofremos. Mas o primeiro elo da cadeia continua sendo um evento natural, cujas consequências desastrosas podem ser aumentadas, mas não consideradas efeito exclusivo da incúria dos homens. Qualquer investigação que se faça sobre a responsabilidade das administrações públicas permanecerá sempre uma imensa desproporção, com respeito aos danos produzidos pela catástrofe, entre a causa primeira e as causas segundas, uma desproporção que nenhum raciocínio de justificação, nem sequer o mais sofisticado, poderá eliminar.

Uma catástrofe natural é um fato, e como fato somente pode ser explicado com os mesmos procedimentos mentais com que se explica um fato qualquer. Em uma concepção teológica ou moral do mundo, não estamos em condições de dizer absolutamente nada sobre o significado de um fato como este, já que não temos nenhuma certeza acerca da existência de um sujeito que possa ser imputado. Comparemos um terremoto a uma guerra. A comparação é possível porque um e outra são dois eventos que criam uma soma extraordinária de sofrimentos. Mas a comparação se interrompe aqui. Tentemos estender o confronto ao plano do juízo moral. Ao passo que tem sentido falar, como se fez durante séculos, de guerra justa e injusta, não haveria qualquer sentido em falar de terremoto justo ou injusto. Compreende-se, porém, que a afirmação é plausível em uma teodiceia ou em uma logodiceia, quer dizer, em um tipo de discurso no qual se pressupõe que exista um sujeito a que se possa atribuir o Bem e o Mal.

Para aumentar a dificuldade, para não dizer a impossibilidade, de se converter uma catástrofe natural em um evento a ser justificado com base em um critério moral, deve-se incluir também a constatação de que algumas destas catástrofes, como terremotos, dilúvios, em particular erupções vulcânicas, ocorrem sempre ou frequentemente nos mesmos lugares, ao passo que outros lugares estão completamente imunes a elas. Da época de Aristóteles em diante, as formas de justiça são essencialmente duas: comutativa e distributiva. O Mal-castigo, como remédio para o Mal-culpa, é um clássico exemplo de justiça comutativa, que acaba por ser violada quando o sofrimento não pode ser culpável, como nas catástrofes naturais. Onde há um bem ou um mal sem mérito ou sem culpa, deveria intervir o princípio da justiça distributiva, segundo o qual Bem e Mal devem ser equanimemente distribuídos. Mas não há teodiceia ou logodiceia que possa justificar a repetitividade de eventos catastróficos nas mesmas partes do mundo. De resto, mesmo no caso em que o evento se revele pela primeira vez numa certa localidade, repõe-se a questão: "Mas por que exatamente ali, e não em outro lugar?". Portanto, se um discurso de justificação não pode se remeter nem a uma nem a outra das duas formas de justificação, então é preciso concluir que não temos como evocar nenhum argumento decisivo para justificar aqueles eventos, que, por sua gravidade, precisariam, mais que qualquer outro, ser justificados.

Não pretendo abrir o discurso sobre a crueldade, e correspondentemente sobre o sofrimento, no mundo animal, no qual prevalece a mais impiedosa luta pela sobrevivência, e o peixe grande, segundo o famoso exemplo de Espinosa, devora o peixe pequeno, e o peixe pequeno parece não ter outra razão de existir que não a de se deixar devorar e, assim, de permitir que o peixe grande não morra de fome. Quem quer que tenha assistido àquelas frequentes transmissões televisivas em que uma serpente engole lentamente sua própria vítima destinada a morrer depois de um longo sofrimento, um leão com o focinho sujo de sangue que despedaça uma gazela, uma matilha de lobos esfomeados que persegue uma manada de bisões e que, ao conseguir derrubar um deles, devora-no sem piedade, não pode deixar de se perguntar: "Quem desejou um mundo tão atroz?".[3] Não seria este um mundo em que, se há uma evolução, esta não se referiria ao progresso moral, de que falamos quando nos interrogamos a respeito do sentido que se deve atribuir ao curso histórico da humanidade? O pensamento laico renuncia a dar uma resposta a estas últimas questões, e tenta a via da explicação por causas, por exemplo, mediante a teoria da luta pela sobrevivência, boa ou má que seja essa explicação. O pensamento laico pode aceitar o mundo dos fatos tal qual é, mas o pensamento religioso não pode fazer o mesmo. E como poderia fazê-lo, se o esquema tradicional de justificação, a relação entre culpa e castigo, é inaplicável fora do mundo humano, no qual se pressupõe que o homem esteja livre de escolher entre o bem e o mal? Um dos argumentos fortes do pensamento religioso diz que entre Deus e o Mal está o homem, com sua liberdade, com sua inclinação para o mal, com suas paixões. Como poderia este argumento ser empregado para compreender o mundo não humano, no qual aquilo que acontece não é obra do homem ou influenciada pelo homem, senão numa parte mínima?

Perante o problema do Mal, o pensamento teológico tem uma obrigação que o pensamento laico não tem: conciliar a presença do Mal com a existência de Deus, e com a imagem de

---

3 Há um exemplo de mal natural tão impressionante que levou Darwin a escrever que não podia estar convencido de que tivesse sido criado por um deus benéfico e onipotente. Refere-se a um grupo de vespas, não muito bem definido. "A vespa deposita os ovos com suas crias no corpo do inseto, mas antes golpeia com seu ferrão cada gânglio do sistema nervoso do infeliz animal, de modo a paralisá-lo completamente; não o mata, porém. Depois, abertos os ovos, as larvas se alimentam de carne sempre fresca, indo até os mais profundos centros vitais da vítima. O inseto se sente gradualmente estraçalhar por dentro, sofre de maneira atroz, mas não tem como reagir, não pode mover um músculo. Quando, enfim, não há mais nada para se comer e o inseto está vazio, a vespa o deixa morrer". Extraio esta passagem de G. Toraldo di Francia, *Ex absurdo:* riflessioni di un fisico ottuagenario, Milano: Feltrinelli, 1991, p.42-3.

Deus não só como Potência Infinita mas também como Bondade Infinita, da qual o Mal é a negação.

A propósito deste ponto, mostra-se apropriada a conhecida passagem do ensaio *O conceito de Deus depois de Auschwitz*, no qual Hans Jonas afirma que os três atributos de Deus – a Bondade absoluta, a Potência absoluta e a Compreensibilidade – não podem ser concebidos em conjunto, na medida em que "estão de tal modo relacionados entre si que toda relação entre dois deles exclui o terceiro".[4] Em seu juízo, a onipotência de Deus só pode coexistir com a absoluta bondade divina ao preço da total incompreensibilidade de Deus, isto é, da concepção de Deus como mistério absoluto. "Somente de um Deus totalmente incompreensível se pode dizer que é absolutamente bom e desde a origem absolutamente onipotente e, não obstante isso, suporta o mundo tal como é". Diante desta aporia, Jonas propõe que, tendo que renunciar a um dos três atributos, este seja a onipotência, já que a Bondade é inseparável do nosso conceito de Deus e não pode sofrer nenhuma limitação, e o conhecimento de Deus é um elemento essencial do hebraísmo, para o qual é inadmissível o conceito de um Deus totalmente oculto.

Pergunto-me se uma solução como essa não torna plausível, ao menos como experimento mental, uma solução alternativa. Já que o atributo da Bondade absoluta faz que Deus se torne compreensível, mas suscita o problema da justificação do Mal, deve-se tentar negar o atributo da Bondade absoluta e salvar o atributo da Potência absoluta. Neste caso, a compreensibilidade de Deus seria salva ao preço da sua Bondade. Mas não é esta uma das possíveis respostas do humanismo laico, segundo o qual, como Potência absoluta, Deus seria indiferente ao Bem e

---

4   H. Jonas, *Il concetto di Dio dopo Auschwitz. Una voce ebraica*. Trad. e introd. de C. Angelino, Genova: Il Nuovo Melangolo, 1997 (ed. orig. *Der Gottesbegriff nach Auschwitz. Eine Jüdische Stimme*, Frankfurt, Suhrkamp Verlag, 1987).

ao Mal, estaria além do Bem e do Mal, assim como além do Belo e do Feio? Desse ponto de vista, o Bem e o Mal nada mais seriam que criações humanas. De resto, precisamente o fato de serem criações humanas explicaria que não têm um valor absoluto. Por um lado, não se dá um ateísmo tão radical a ponto de negar o Deus-potência. Por outro, dá-se um humanismo igualmente radical a ponto de fazer com que os valores sejam exclusivamente um produto da história.

Uma última questão. Detive-me até agora principalmente na aporia que se contrapõe à justificação do Mal do ponto de vista de uma concepção que vê o universo como sendo dirigido por um princípio de justiça retributiva. Mas esta não é a única aporia que o problema do Mal propõe à nossa razão. Há uma outra ainda mais perturbadora, e por isso mesmo mais escandalosa. Como vimos, não só não é de modo algum demonstrável que por trás de uma pena haja uma culpa, mas também não é demonstrável que, na economia geral do universo, quem mais sofre seja o malvado. Para quem consegue ver sem preconceitos, os eventos da história humana demonstram exatamente o contrário: o tirano Stalin morreu em seu leito, ao passo que Anna Frank, imagem da inocência, morreu num campo de extermínio. Dos aflitos sempre subiu aos céus a pergunta formulada por Jó: "Por quê?". Há uma razão para que o malvado se salve e o inocente se perca?

Faz sentido formular a questão? Por que, no último momento, um oficial do séquito de Hitler deslocou inconscientemente a maleta que continha a bomba armada pelo coronel Von Stauffenberg para atentar contra a vida de Hitler, e Hitler se salvou e não só não morreu como pôde completar sua monstruosa vingança?

Não, não faz nenhum sentido. Também esta é uma questão sem resposta. Mas desde sempre o homem simples concebeu sua resposta: "Não há justiça neste mundo".

Apêndice

Compreender antes de julgar

Foi para mim uma surpresa encontrar, na primeira página do jornal *Avvenire*, de 10 de janeiro de 1989, o seguinte título: "Caro professor, escrevo-lhe como bispo". O professor no caso sou eu, e o bispo é monsenhor Sandro Maggiolini. Foi uma surpresa, porque, não obstante os diversos debates de que tenho participado nos últimos anos, raramente, ou talvez nunca, encontrei um interlocutor assim tão ilustre no mundo da Igreja.

Sempre tive grande respeito pelos que creem, mas não sou um homem de fé. A fé, quando não é um dom, é um hábito; quando não é nem um dom, nem um hábito, deriva de uma forte vontade de acreditar. Mas a vontade começa onde a razão termina: e eu, até agora, parei antes disso.

Também me é completamente estranha a fé na razão. Jamais tive a tentação de substituir o Deus dos que creem pela Deusa da Razão. Para mim, nossa razão não é um facho de luz, mas um pequeno lume. Não temos, porém, outra coisa com que passar das trevas de onde viemos para as trevas em direção às quais caminhamos. Como nasceu o universo? Como acabará? Que parte tem nele o homem, este ser que, diferentemente de todos os outros seres vivos que conhecemos, não só está no mundo mas também se interroga a respeito de seu lugar no mundo, ou, para usar o termo clássico de toda a nossa tradição, se interroga a respeito de seu destino, que é em essência "cego"? Que está imerso no mal do universo, ou ao menos naquilo que segundo seu juízo é o mal, e se pergunta sem cessar, desde quando começou a refletir sobre as causas e sobre os fins: "Por que o mal?" – uma pergunta a que jamais conseguiu dar uma resposta convincente?

Não tenho qualquer dificuldade em admitir que a ciência também não conseguiu responder ao problema, entendendo aqui, por ciência, o conjunto dos conhecimentos adquiridos com o uso da nossa inteligência. Mas por acaso obtiveram sucesso as religiões? Falo de respostas convincentes, com as quais esta mesma inteligência pode se saciar, não de respostas consolatórias e ilusórias, que satisfazem o ânimo dos que desejam – desejam desesperadamente, pela enormidade e pela insuportabilidade do mal de que sofrem – ser consolados.

Ao contrário do pequeno lume da razão, a fé ilumina, mas frequentemente, por iluminar demais, também cega. De onde nascem, senão desta cegueira, os aspectos perversos da religião? A intolerância, a coação para que se acredite, a perseguição aos não crentes, o espírito de cruzada? Eu não retomaria este velho argumento – sem o qual, porém, não se compreende a batalha das "luzes" tão característica do pensamento moderno – se não fosse pelo fato de que este mesmo argumento é continuamente usado com o mesmo partidarismo para imputar ao processo de secularização todas as perversões do nosso século, como se a era mais cruenta antes das duas guerras mundiais não tivesse sido aquela das guerras religiosas.

É com prazer que verifico que monsenhor Maggiolini refuta com grande senso de responsabilidade este espírito de "revanche" e manifesta firme vontade de dar um fim ao inútil e frequentemente pérfido jogo das acusações recíprocas: "Se um certo Iluminismo está agora mostrando suas culpas e imperfeições, a

Igreja e com ela os cristãos ... não têm o direito de se atribuir sabe-se lá qual vanglória".

Estabelecidas essas premissas, respondo brevemente aos problemas levantados naquela carta. Acima de tudo, diante do convite que me foi dirigido, com tranquilidade e sem presunção, para ser menos pessimista, respondo que mais do que pessimista – já que também o pessimismo, tanto quanto o otimismo, é uma visão global do mundo e, como tal, é uma visão fideísta – considero-me modestamente uma pessoa que procura compreender antes de julgar. O importante é que, partindo da constatação do mal radical, fiquemos de acordo em declarar que a única antítese do mal, a única tentativa de superá-lo, deve ser buscada na criação da vida moral, na qual coexistem a unicidade e a novidade do mundo humano.

À questão de saber se não chegou o momento de uma justificação da moral que se apoie no Absoluto, respondo que a verdadeira razão para que a moral se apoie em uma visão religiosa não está na exigência de se fornecer um fundamento absoluto para a moral, mas na necessidade prática de impor com mais força o respeito a ela. O apelo a Deus não serve tanto para estabelecer as normas a serem seguidas quanto para induzir os que creem a observar estas normas, sejam elas quais forem. Em outras palavras, o apelo dirige-se mais a Deus como juiz (infalível e, portanto, mais temível que o juiz humano) que a Deus como legislador. A regra áurea do "Não faças aos outros o que não gostarias que os outros te fizessem" pode ser encontrada em qualquer moral racional, mesmo naquela que parece estar mais distante de uma moral religiosa, qual seja, a moral utilitarista.

A última questão – "E os laicos?" – é a mais embaraçosa. Por uma razão muito simples: não existe uma única moral laica (talvez não exista sequer uma única moral religiosa, mas não é o caso de enfrentar agora este assunto). Lemos nas histórias da filosofia que os antigos contrapunham uma ética da virtude a uma ética da felicidade. Os modernos contrapõem uma ética do dever a uma ética da utilidade. Para não falar da conhecidíssima distinção weberiana entre ética da convicção pura e ética da responsabilidade. O único princípio que se pode considerar propriamente laico é o da tolerância, quer dizer, o princípio que constata a multiplicidade dos universos morais e disso extrai a consequência de que é necessária uma pacífica convivência entre eles.

Desse ponto de vista, não tenho qualquer receio em afirmar que o pensamento laico é uma expressão essencial do mundo moderno e um efeito do processo de secularização, no qual as próprias Igrejas se reconheceram. Como se pode ler na Constituição pastoral *Gaudium et Spes*:

> O respeito e o amor devem se estender também àqueles que pensam e operam diferentemente de nós nas coisas sociais, políticas e até mesmo religiosas, pois com quanto mais humanidade e amor entrarmos em seu modo de sentir, tão mais facilmente poderemos iniciar com eles um diálogo.[1]

Desta disposição para iniciar um diálogo, a carta de monsenhor Maggiolini é um belo testemunho, ao qual tenho apenas de agradecer.

---

1 *Gaudium et Spes* (Alegria e esperança) é uma das constituições apostólicas do Concílio Vaticano II. Promulgada em dezembro de 1965, durante o papado de Paulo VI, é uma carta pastoral, isto é, texto que, apoiado em princípios doutrinários, pretende expressar a relação da Igreja com o mundo com o conjunto dos homens, não apenas com os católicos. Considerado um dos importantes documentos conciliares da Igreja, sobretudo por sua clara defesa da dignidade humana, da tolerância para com os ateus, dos direitos da mulher, da existência autônoma do mundo, entre outras coisas. (N. T.)

Salvar-se por si só

O artigo de Sergio Quinzio, "Il pettine di Dio", publicado no jornal *La Stampa* em 11 de fevereiro de 1989, instigou-me e ao mesmo tempo me desconcertou.

O artigo põe sob nossos olhos, em toda a sua dramaticidade, o tema da técnica que teria fugido ao controle do homem, aprendiz de feiticeiro. O tema é heideggeriano. Mais ainda: é o tema que se tornou heideggeriano por excelência. Resumindo: os problemas vinculados à sobrevivência do homem na Terra são sempre mais numerosos, sempre mais graves e, o que é ameaçador, sem precedentes. Como tais, são problemas aparentemente sem solução.

As razões pelas quais parece não existir soluções são as seguintes:

1.   Os problemas estão tão interconectados que não se pode resolver um sem que se suscite um outro.

2.   Não há qualquer acordo sobre os possíveis remédios que poderíamos usar, nós que estamos nos perdendo numa desorientação geral.

3.   A dimensão dos problemas é tal que a solução de um único deles produz apenas o efeito de uma gota no mar.

E então? Essas considerações são uma nova confirmação de que se esgotou a confiança no progresso irrefreável, que havia inspirado durante séculos as filosofias da história do Ocidente. Esta confiança repousava na ideia de que os males sofridos pela humanidade encontrariam sua cura na força das coisas: a guerra mediante o comércio e o livre-câmbio, substituindo-se o espírito de conquista pelo espírito dos negócios; a miséria mediante o desenvolvimento das forças produtivas, tanto na versão capitalista quanto na versão oposta; as doenças mediante o desenvolvimento das ciências biológicas e da medicina. Ou em um grande movimento revolucionário que desorganizaria o modo tradicional de produzir e governar: também Marx evocou a imagem do aprendiz de feiticeiro a propósito da burguesia triunfante, mas viu a solução na revolução dos expropriados contra os expropriadores.

A confiança no progresso foi muito enfraquecida, por um lado, pelas duas guerras mundiais, pelo aumento das desigualdades entre países sempre mais ricos e países sempre mais pobres, pelo uso perverso da ciência e da técnica. Por outro foi enfraquecida também pelo fracasso (alguém falou em "suicídio") da revolução.

Diminuída, para usar as próprias palavras de Quinzio, a fé de quem "vê no desenvolvimento das ciências e da técnica uma espécie de lança de Apolo, capaz tanto de ferir quanto de curar", começamos a nos pôr o problema dos "limites" do desenvolvimento. Gostaria ao menos de recordar o livro póstumo de Aurelio Peccei, um dos fundadores do Clube de Roma, intitulado *Sinal de alarme para o século XXI*.[1] O livro é orientado pela ideia de que a hipótese de um progresso ao infinito se choca contra a realidade do universo finito em que vive o homem, um universo que pode ser dilatado à vontade mediante a conquista do espaço e a exploração do fundo do mar, mas que continua sendo finito.

---

1 A. Peccei, I. Daisaku, *Campanello d'allarme per il XXI secolo*, Milano: Bompiani, 1985.

Até aqui estou perfeitamente de acordo com Quinzio. Mas quando se passa do diagnóstico aos remédios, termina a atração e começa o desconcerto. Retomando a célebre afirmação de Heidegger em sua última entrevista, publicada postumamente pela revista *Der Spiegel*,[2] Quinzio declara estar convencido de que a única solução é a de quem pensa que "hoje somente um Deus pode nos salvar". Desde quando esta frase se tornou conhecida, me pergunto se não seria mais consoante com a essência da filosofia o "silêncio" de Wittgenstein, quando a resposta é vaga e banal, como a de Heidegger. Não se devia esperar mais do maior ou do mais influente filósofo deste século, do que esta resignada invocação do aflito, do humilhado, daquele que não sabe acalmar suas próprias atribulações?

Refaço-me esta mesma pergunta agora. É uma pergunta que proponho antes de tudo a mim mesmo, à minha invencível incredulidade, que se afirma mesmo diante de uma sentença tão ilustre. Acima de tudo: por que "um Deus" (*ein Gott*), e não Deus? Para quem diz "um Deus", é inevitável que a nossa limitadíssima faculdade de raciocinar ponha imediatamente uma primeira pergunta: "Qual Deus?". Imediatamente depois, segue uma pergunta que nos é sugerida pela nossa experiência histórica, que também é limitada, mas que é a única que temos para dar respostas sensatas: "Quando é que um Deus salvou o mundo?". Para o crente, Cristo veio para salvar o homem do pecado e da morte terrena, não para salvar o mundo, que não era o seu reino, o mundo com seus esplendores (o céu estrelado de que falava Kant) e com seus erros (os terremotos que engolem cidades inteiras, os vendavais que abatem indiferentemente plantas e casas). Ao longo de toda a história que conhecemos, e por aquilo que até agora sabemos, o homem se salvou sozinho, quando se salvou, e se condenou sozinho, quando se condenou.

---

2 M. Heidegger, "Ormai solo um Dio ci può salvare", entrevista feita por *Der Spiegel*, Milano: Guanda, 1987.

Quem o salvou das pestes? Quem o condenou a exterminar os próprios semelhantes nas distantes Américas e na vizinha (inclusive no tempo) Alemanha?

Mas seria possível objetar: "Não há como extrair do que passou argumentos plausíveis para julgar o que acontecerá ou poderia acontecer. Não se pode excluir a esperança".

Não a excluo, mesmo que não tenha, entre outras coisas, qualquer certeza quanto ao futuro. Não tenho, porém, a mínima incerteza em pensar que confiar apenas na esperança – uma esperança da qual não temos qualquer sinal premonitório sequer em uma história profética da humanidade, como a que tinha em mente Kant – pode levar à resignação, à espera inerte, a que não se tente nem mesmo fazer, como o próprio Quinzio admite, "aquele pouco que se pode fazer e onde se pode fazer".

Enfim, ainda que suspendendo o juízo sobre o "se", não posso evitar que me venha à mente uma pergunta ainda mais inquietante: "Por quê?". Por que um Deus deveria salvar o mundo? Por quê? No universo dos mundos infinitos, quem somos nós? Que méritos temos? Somos tão inteligentes para entender o mal, mas ao mesmo tempo tão estúpidos para não conseguir encontrar o remédio por nós mesmos. Por que deveríamos ser salvos por alguém que não é responsável por nossas desventuras?[3]

Quinzio termina citando o apólogo de Kierkegaard, segundo o qual "o mundo perecerá em meio ao divertimento universal das pessoas cultas". Eu também tenho a minha citação: "Corremos

---

3 No artigo "Formaggio e diritti umani", Salman Rushdie escreveu: "Não existem deuses para nos ajudar. Estamos sós. Ou, para dizer de outro modo, somos livres. O deslocamento do divino nos coloca no centro da cena em que construir a nossa moral e as nossas comunidades, em que fazer as nossas escolhas e agir segundo os nossos princípios. Mais uma vez encontramos, no alvorecer da ideia de Europa, uma ênfase no humano. Os deuses podem ir e vir, mas nós caminhamos rumo ao infinito. Para mim, esta ênfase humanista é um dos aspectos mais atraentes do pensamento europeu". (*La Stampa*, 5 fev. 1996).

Elogio da serenidade

irresponsavelmente em direção ao abismo depois de termos posto diante dos olhos alguma coisa que nos impede de vê-lo" (Pascal, *Pensamentos*, 367). Mas repetir com Heidegger que "somente um Deus pode nos salvar" não será talvez um indício desta "irresponsabilidade"?

Nota sobre os textos

A primeira edição deste livro nasceu da ideia que Santina Mobiglia e Pietro Polito tiveram de publicar na revista *Linea d'Ombra*, dirigida por Goffredo Fofi, minha conferência inédita sobre a serenidade, proferida alguns anos antes. Com respeito ao conjunto dos meus livros, era um texto extravagante. Mas estaria ele tão solto e isolado a ponto de não se poder encontrar outros textos análogos entre as muitas e muitas páginas que escrevi ao longo de tantos anos? Os dois descobridores e responsáveis pela edição daquele elogio reviraram meus velhos e novos papéis com tanta insistência que, tempos depois, conseguiram compor uma pequena coletânea de escritos morais, que Fofi apresentou aos leitores da sua revista, acolhendo-a na coleção Aberturas, por ele mesmo dirigida.

O livro que é agora apresentado na coleção Novos Ensaios, da Editora Pratiche, é uma edição profundamente renovada e bem diferente da anterior. Não somente acrescentei referências bibliográficas e registrei algumas reações polêmicas suscitadas pela primeira edição e alguns debates sobre os mesmos temas que ocorreram no transcorrer do período, mas também alterei a disposição dos capítulos, de modo a tornar mais coerente o encadeamento deles, eliminei páginas repetitivas, agreguei outras num Apêndice, incorporei um novo capítulo sobre "Tolerância e verdade", colocando-o ao lado de "Verdade e liberdade". E, sobretudo, acrescentei uma ampla introdução, na qual, refletindo sobre os diversos temas, procuro ligá-los entre si de modo a dar forma mais unitária ao conjunto. Por fim, respondi também a algumas críticas e a alguns comentários recebidos.

O "Elogio da serenidade" nasceu como conferência proferida em Milão, no dia 8 de março de 1983, como parte do ciclo "Pequeno Dicionário das Virtudes", promovido por Ernesto Treccani a partir de uma iniciativa da Fundação Corrente. Editado por Santina Mobiglia e Pietro Polito, foi publicado pela primeira vez em dezembro de 1993, como separata da revista *Linea d'Ombra*. Traduzido para o inglês com o título "In praise of meekness" por Teresa Chataway, com o texto italiano ao lado, foi publicado no primeiro fascículo de *Convivium. Journal of Ideas in Italian Studies*, v.1, n.1, abril de 1995, p.21-38. Em francês, com o título "Eloge de la mitezza" e tradução de Pierre-Emmanuel Danzat, apareceu como fascículo especial de *Diogène*, dedicado a *La tolérance entre l'intolérance et l'intolérable*, n.166, outubro-novembro 1996. Saiu também na edição inglesa de *Diogène*, n.176, v.44/4, inverno de 1996, p.3-18, com o título "In praise of la mitezza". Foi ainda publicada uma tradução espanhola do livro inteiro, *Elogio de la templanza y otros escritos morales*, com um "Estudio preliminar" de Rafael de Asís Roig, Ediciones Temas de Hoy, Madrid, 1997, tradução de Francisco Javier Ansuátegui Roig.

"Ética e política" reúne o artigo "Ética e política", VV.AA., *Etica e politica*, organizado por Walter Tega, Parma: Pratiche, 1984, p.7-17, e o artigo "Etica e politica", *MicroMega*, n.4, p.97--118, 1986. Atualmente, enriquecido de um amplo trabalho de anotação, encontra-se também em N. Bobbio, *Elementi di politica: antologia*, organizado por P. Polito, Milão: Einaudi Scuola, 1998.

Elogio da serenidade

"Razão de Estado e democracia" apareceu com o título "Morale e politica", *Nuova Antologia*, n.2179, p.67-79, julho--setembro 1991.

A natureza do preconceito, VV.AA., *La natura del pregiudizio*, Città di Torino: Regione Piemonte, s.d., p.2-15. Trata-se do texto de uma aula dada no curso "A natureza do preconceito", ministrado no Istituto Tecnico Industriale Amedeo Avogadro, de Turim, entre 5 de novembro e 17 de dezembro de 1979. O curso integrava o programa "Torino Enciclopédia – as culturas da cidade".

Racismo hoje, *Scuola e Città*, ano XLIV, n.4, p.179-83, 30 de abril de 1993. Texto da conferência proferida sobre o tema do racismo no Sermig de Turim, em dezembro de 1992. Publicado parcialmente em *La Stampa*, ano 126, n.353, domingo, 27 de dezembro de 1992, p.15, com o título "Gli italiani sono razzisti?". Reproduzido com o título "Sono razzisti gli italiani?", *Nuova Antologia*, ano 128, fascículo 2186, abril-junho de 1993, numa série de artigos reunidos sob o título *Razzismo, xenofobia, antisemitismo in Europa*, p.6-10. Reproduzido com o título Razzismo oggi, *Sisifo: idee, ricerche, programmi*, do Istituto Gramsci do Piemonte, outubro 1993 (caderno n.1, *Contro il pregiudizio*, em colaboração com CGIL Scuola/Torino/Valore Scuola).

"Verdade e liberdade" é um discurso inserido entre as comunicações introdutórias ao XVIII Congresso Nacional da Società Filosofica Italiana, Palermo-Messina, 18-22 março de 1960, publicado em VV.AA., *Verità e libertà*, Palermo: Palumbo, 1960, v.1, p.43-52.

"Tolerância e verdade" é a reelaboração de alguns escritos meus sobre a tolerância, particularmente daquele homônimo publicado em *Lettera internazionale*, ano V, n.15, p.16-8, janeiro--março de 1988 e incluído na edição italiana de meu livro *Il dubbio e la scelta:* intellettuali e potere nelle società contemporanee, Roma: La Nuova Italia Scientifica, 1993, p.207-12.

"Prós e contras de uma ética laica", Il Mulino, ano XXXIII, n.12, p.159-72, março-abril de 1983. Texto reelaborado a partir

207

de uma conferência pronunciada em Bolonha, para os Martedi del Convento di San Domenico, dia 18 de outubro de 1983.

"Os deuses que fracassaram" é a transcrição revista e corrigida da comunicação apresentada no seminário "Il potere del male, la resistenza del bene", realizado no Centro Studi Piero Gobetti, de Turim, em 8 de junho de 1994.

"Compreender antes de julgar": artigo publicado com o título "Sulla vita morale: Bobbio risponde al vescovo", *La Stampa*, de 14 de janeiro de 1989.

"Salvar-se por si só" (Bobbio responde a Sergio Quinzio): artigo publicado em *La Stampa*, de 17 de fevereiro de 1989.

SOBRE O LIVRO

Formato: 14 x 21 cm
Mancha: 23 x 44,5 paicas
Tipologia: Iowan Old Style 10/14
Papel: Off-white 80 g/m² (miolo)
Cartão Supremo 250 g/m² (capa)
2ª edição: 2011

EQUIPE DE REALIZAÇÃO

Edição de Texto
Maysa Monção (Preparação de Original)
Luicy Caetano de Oliveira e
Geisa Mathias de Oliveira (Revisão)

Editoração Eletrônica
AVIT'S – Estúdio Gráfico (Diagramação)

Assistência Editorial
Alberto Bononi

Impresso por :

Graphium
gráfica e editora
Tel.:11 2769-9056